高校财务管理的理论与实践研究

熊一心 ◎ 著

中国原子能出版社
China Atomic Energy Press

图书在版编目（CIP）数据

高校财务管理的理论与实践研究 / 熊一心著 . -- 北京 : 中国原子能出版社 , 2022.12

ISBN 978-7-5221-2412-4

Ⅰ . ①高… Ⅱ . ①熊… Ⅲ . ①高等学校—财务管理—研究—中国 Ⅳ . ① G647.5

中国版本图书馆 CIP 数据核字 (2022) 第 228268 号

高校财务管理的理论与实践研究

出版发行	中国原子能出版社（北京市海淀区阜成路 43 号 100048）	
责任编辑	潘玉玲	
责任印制	赵　明	
印　　刷	北京天恒嘉业印刷有限公司	
经　　销	全国新华书店	
开　　本	787mm×1092mm　1/16	
印　　张	10.375	
字　　数	211 千字	
版　　次	2022 年 12 月第 1 版　　2022 年 12 月第 1 次印刷	
书　　号	ISBN 978-7-5221-2412-4　　　定　价　76.00 元	

前　言

新时代下，我国国民生活水平显著提高，对于受教育程度有了更高层次的追求。为了有力地践行科教兴国、人才强国战略，我国政府加大了对教育事业的投资，在投入产出原则的指导下，各高校应加强资金利用率，为国家培养高质量人才。如何使高等教育的发展质量匹配我国在人才需要数量上的优势，如何有效利用高等教育经费、优化教育资源配置，已经成为人们关注的焦点，也成为高校发展过程中难以回避的问题。

随着高校评估工作的不断完善，包括政府和社会公众在内的利益相关者都需要加强对高校的财务管理。绩效考核的形式由最初的单一模式发展到像大学排名榜、高校教育质量评估、学科评估等形式各异、考核侧重点不同的多元化模式。除教育部、国务院学位委员会及社会的外部考核外，也出现了高校内部的考核，如为完善内部管理而专设的考核等。

在实际生活中，高校财务管理是否具有可操作性甚至比是否具备科学合理性更为重要，因此，指标体系的设计要将研究目的与现实操作的客观条件相结合，要选取可靠的数据来源、符合经济学原理的公式方法，尽量做到简明扼要，易于操作。

本书是一本关于高校财务管理方面的专著，首先对现代信息技术与高校财务管理进行简要分析，然后对云计算技术与高校财务管理进行研究，接着探讨了新时期高校财务管理绩效基本概念、新时期高校财务管理绩效创新研究，最后在新时期高校财务管理绩效评价体系理论、新时期高校财务管理绩效评价体系构建等方面做出重要的总结和探讨。本书理论联系实践，创新性强、实用性强，可为财务价值与资本管理方面的研究人员提供参考，可作为从事财务管理相关职业人员的参考用书。

由于笔者学识有限，时间仓促，书中不足之处在所难免，恳请各位读者不吝赐教。

目　录

第一章　现代信息技术与高校财务管理

第一节　现代信息技术与高校财务管理信息化

人类社会发展已进入第三次信息革命阶段，社会、经济、生活、工作、学习等发生了巨大变化。早上坐公交车上班，扫一个二维码，就知道所乘坐的公交车还有几站，是不是还来得及买份早点，当然，主干道公交站台都有自助显示屏滚动提示；如果要出行，上携程网，就可以搞定来回机票和目的地的住宿问题，不用担心到了目的地后找不到满意的宾馆；上天猫或京东商城，用鼠标点击几下就可以买到满意的宝贝，无须去商场或超市排队购物、排队结账。生活节奏加快，都是因为信息技术的发展把人们带到了信息时代。

随着全球信息化的深入推进，信息技术得到了很好的发展和广泛的应用，特别是互联网技术的发展，催生了一批基于互联网技术的新兴产业。云计算被确认为继个人计算机、互联网之后的第三次信息技术。这不仅是数据爆炸的时代，更是一个大数据爆发的时代。2012年是云计算实践元年，2013年是大数据元年，2014年是物联网元年。PC（个人计算机）时代以计算机为中心，互联网时代以软件为中心，云计算时代以服务为中心，大数据时代以用户价值为中心，物联网时代则以应用为中心。所以云计算、大数据、物联网成为互联网的三大核心技术。无处不在的网络，无处不在的应用，无所不能的服务，正全面渗透到社会生活的各个领域，物联网、云计算、大数据走进高考阅卷现场，重庆市教育局运用物联网对阅卷现场进行全天监控；云计算对高考分数进行快速合成，避免人为失误；大数据分析考生成绩，纠偏异常信息。

一、财务管理信息化的必要性：信息化是大势所趋

经济环境瞬息万变，市场竞争更加激烈，高校财务管理必须运用先进的管理理念来实施科学化管理。随着第三次信息革命的到来，在经济全球化、生活数字化、计算机普及、移动通信快速发展的背景下，信息传递、应用和共享是大势所趋，高校财务管理如何加强信息化建设以适应形势发展所需，满足不同层次用户的需求，已成为高

校工作的重点。高校财务管理信息化模式向传统管理模式发起了挑战，高校财务管理信息化建设成为必然趋势。

二、目前高校财务管理信息化存在的不足

（一）对信息化的认识不足

信息化的概念最早在 20 世纪 60 年代由日本学者提出来，在世界推进经济宏观信息化的环境下，"经济信息化""教育信息化""会计信息化""财务管理信息化"等概念应运而生。在工作中应用信息化，个别人可能仅仅停留在计算机的应用上，如工资发放系统模块、财务软件凭证录入模块、银行付款采用无现金方式等，这些都是会计核算的范畴，而财务管理信息化应属于财务管理范畴。

我国高校财务管理信息化的规模和程度均未达到一定的高度，与世界先进国家的高校财务信息化仍有差距。1993 年，美国政府在高等教育领域就正式提出 NII（国家信息基础设施，俗称"信息高速公路"）计划，克莱蒙特大学教授 Kenneth C.Green 在 1990 年就提出了"校园信息化"（campus computing）概念；北京大学和香港大学在 2002 年共同启动一个国际性合作项目 ACCS（asian campus computing survey）来了解亚洲地区各国高校的信息化建设情况。计算机和网络通信技术的发展为高校构建"数字化校园"提供了技术支撑。高校的财务管理信息化建设应该从哪些方面来体现？对高校财务处内部工作而言，是如何规划业务流程，减少重复劳动，提高工作效率；对财务管理人员来说，想了解资金动态存量、会计核算流程、对外服务情况，领导在办公室里，就能了解具体情况。无论是领导、财务处工作人员，还是教职工，都能通过计算机或移动通信设备在财务处综合信息查询平台上查询到相关信息。

（二）财务信息冗余

对会计相关信息要做出快速、及时、正确、全面的判断，并利用信息为领导决策、对外投资、筹集资金、资金调度等提供准确的依据。财务处大量信息堆积，没有被很好地利用起来，信息公开渠道不畅，信息了解存在不对称现象。例如，有关资金存量的信息有权限的管理人员应该随时随地可以掌握单位的资金状况，而不是银行存款信息由甲提供、财政资金信息由乙提供、银行贷款信息由丙提供，一项工作的完成要由几个人来进行，工作效率就低了，信息的时效性也失去了。信息社会是透明的社会，对财务处存在的海量信息要有效利用起来，能对外公布的要全部对外公布，财务处要主动利用财务信息和现代管理技术为教职员工服务，而不是被动地等待他人找上门来处理事情。此外，重要的信息要加强管理和应用。

（三）复合型人才短缺

我国高校会计人员大都是会计专业出身的，也有计算机专业、工商管理专业、工程管理专业的，还有半路出家的，这就导致会计人员参差不齐。如今信息化发展飞快，高校财会人员中存在这样的现象：懂财务的不精通信息技术，懂信息技术的又不熟悉财务会计知识。现如今既懂财务会计知识又精通相关信息技术的人才真的很少，我国高等教育人才培养计划尚未注重对这种复合型人才的培养，相对于时代的发展，高校的人才培养有点落伍了。因此，信息化时代复合型人才短缺严重。

（四）关于高校财务管理信息化的法律法规不完善

在财务和会计方面，我国相继出台了一系列的法律法规来约束、规范财务会计工作，其中会计法律5个、会计制度16个、财务制度22个、会计准则19个、内部会计控制制度2个、会计核算方法11个、会计处理规定35个、执行《企业会计制度》相关问题的规定6个、其他会计制度9个。在信息化方面，工信部等也出台了相关的法律法规，主要有《互联网文化管理暂行规定》（文化部令51号，2011年2月17日发布，2011年4月1日施行）、《互联网等信息网络传播视听节目管理办法》（广电总局令39号，2004年7月6日公布，2004年10月11日施行），2000年11月6日，国家新闻办公室、信息产业部发布《互联网站从事登载新闻业务管理暂行规定》，2000年9月国务院令291号公布《中华人民共和国电信条例》，信息产业部令9号《公用电信网间互联管理规定》（2001年5月10日发布施行），1994年国务院令147号《中华人民共和国计算机信息系统安全保护条例》（1994年2月18日发布实施），共六个。政府也在大力推广"互联网""互联网+""移动通信"中，只是相关方面的法律法规涉及高校财务管理信息化运用方面的优点滞后，只能参照执行财务、会计、信息化的法律法规。高校财务工作者必须遵守财务、会计、高校、信息化方面的法律法规。

（五）存在信息化安全隐患问题

信息化都是借助计算机和网络及相关财务软件来完成的，例如，要查询某部门个人的相关信息，其他相关部门的人员经过财务部门的授权就可以进行访问并调取相关信息，教务部门亦有权限进入财务信息系统查询或调阅相关信息。如此一来，统一信息库的相关信息，全校可能有好几个职能部门的人员经过授权进行访问。但是不稳定的局域网、存在安全隐患的互联网、个别居心不良的不法分子及网络病毒或黑客，都威胁着高校财务管理的信息安全。杀毒软件再多，版本再高，总有存在的漏洞，加之信息使用者不是信息方面的专家，软件操作不熟练，这都有可能导致计算机被攻击，故信息化安全尤为重要，在保证安全的前提下才能开展工作。

三、加强高校财务管理信息化建设的建议

（一）树立先进的信息化管理理念

在 21 世纪的今天，人们的观念要与时俱进，在互联网时代，要用互联网的思维方式树立先进的信息化管理理念，才能提高工作效率。在原有会计核算现代化、自动化的背景下，加快财务管理信息化建设；要用先进的现代信息技术支撑会计核算和财务管理工作，融入信息化社会的大潮中。当然，财务管理信息化建设不仅是财务部门的事，应该是全校的大事，要得到校领导的大力支持才能更有效地贯彻落实。

（二）整合有效资源，实现高校内部信息化共享

高校财务管理信息化建设的最终目标是实现高校信息资源的有效配置和充分利用。因此，关键点不在财务部门，而在学校信息化管理部门，当然，财务信息是其中最重要的、最关键的，也是最不易对外公开发布的。但是有关报销业务流程和报销的相关规定、报销手续的规定，不同业务的办理流程和手续等有关业务核算方面的相关信息均应可以在网上查询。如果实现了网上预约报销，那么报销单据的填写和提交以及提交单据目前状态（审核、制单、复核、付款），只要输入相关信息，立刻可以查询到，这需要借助计算机、局域网、无线局域网等现代信息技术来完成。可以在全校范围内建立一个跨组织、跨部门的信息系统，把全校的相关基础信息（人事部门人员信息、教务部门任课教师和学生的相关信息、财务部门预算指标和项目使用进度等、国有资产管理部门关于设备的相关信息）集中起来，实现无缝衔接，使信息使用者（校领导、职能部门领导、项目负责人、教师、学生和社会人员）凭借不同的身份享有相应的权限，对不同的信息享有不同的查询、采集权限，实现相关信息有效的、有目的的、随时随地的弹性分享，提高工作效率。实现了高校内部财务信息的共享，财务工作人员点击鼠标即可查询会计业务的状态，公开、透明对外报销业务流程，教职工可以随时了解业务状态，增加对财务人员和财务工作的理解，以便进行有效沟通。

（三）合理配备财务、会计和信息化技术复合型人才

目前高校的财务人员存在年龄偏大的问题。从干部管理年轻化要求的角度来讲，干部越年轻越好，但是做财务工作则是越年长越有经验，年龄偏大有业务全面、基本功扎实的优点，但也存在接受新兴专业知识方面不如年轻人思维敏捷的现象。因此，要树立终身学习的理念。掌握一门新的技术，对于一个财务管理知识过硬的财务人员来讲，不管年龄多大，关键是要有目标和概念：高校财务管理信息化如何去做，从何处下手，涉及哪些部门，怎样去说服领导层，脑中要有基本思路和基本框架才有说服力。例如，要计划实行网上预约报销，首先，要进行政策宣传，以前报销差旅费都是

到财务处柜面上，当面等待报销，浪费了很多时间。实行预约报销后，出差人员必须自己在财务处网页上找到业务界面，输入出差时间、地点、城市间交通费用、住宿费、室内公共交通费及出差事由等，并输入项目代码，确认后提交，获取一个内部条形码，根据此条形码在财务处凭证预录入库里占有一个号，且自动生成，不存在插队情况，其他的就是财务处内部人员的工作了，而当事人则可以随时查询业务状态。其次，要在财务处内部进行整合，业务流程如何设定，对外服务窗口如何设置，既要考虑学校的资金规模，又要考虑人员的流水次数（一个人一周之内来报销几次），还要考虑财务处内部人员分工和岗位设置。最后，还涉及外部银行，是和一家银行合作，还是和几家银行合作，银行手续费如何结算。

在复合型人才没有到位的情况下，如何拥有一个团队也很重要。有会计人员、专业技术人员、管理人员，关键是还要有目标、流程，高校财务管理信息化建设还是可以建成的。当然，如果拥有懂财务、懂会计、懂信息技术、懂管理、会协作、愿意付出的核心团队，应该没有解决不了的问题。

（四）完善信息化建设的制度体系

这有两个层面，即国家层面和高校层面。首先，国家要出台加强财务管理信息化的相关政策。新华社记者王茜报道：最高法院 2016 年 8 月 3 日出台规定，对网络司法拍卖的平台准入规则、运行模式、各主体之间的权责划分、具体竞拍规则进行了全面而系统的梳理和规范。据悉该规定从 2017 年 1 月 1 日开始执行。其次，高校财务部门全面衡量信息化工作的基础信息要求、不同部门之间的信息化模块的对接问题。这里主要阐述财务信息的要求，财务部门管理人员要全面考虑信息使用者的身份、使用权限、使用范围以及信息使用者应承担的法律责任；对财务内部人员要有详细的岗位职责和分工，信息发布范围和访问权限，信息维护权限和期限，在线解答的权力，信息发布、更新、维护、备份和恢复工作，电子档案资料的整理归档工作，最重要的是安全措施要到位，详细制定这些信息工作的条例、规章或制度，使财务信息在得到高效使用的同时，确保财务数据信息的安全。

（五）建立安全的财务信息化系统体系

在网络条件下构建高校财务管理信息化系统存在着安全隐患，这导致很多高校对高校财务管理信息化建设不够积极。当然，在现实生活中风险是无处不在的。对于高校财务信息化安全问题：第一，要借助现代信息技术，加强对信息安全的重视；第二，要加强财务处内部安全隐患的预警和预防；第三，要设置专业防火墙，建立局域网和互联网之间的接口安全控制系统，对来自内部和外部的各种信息进行筛选、过滤、有选择使用；第四，要对数据信息进行加密管理，预防内部信息任意传播到公共网络平台上，从专业角度考虑，可以利用专业密钥法和公开密钥法来完成；第五，要和相关部门签订安全协议，主要有国际通用的安全套层协议（SSL）、网络安全的超文本传输协议（S-HTTP）和安全的网络电子交易规范（SET）等，加强对网络病毒和黑客的防范，确保财务信息的安全有效使用。

随着信息技术的发展和普遍应用，高校财务管理信息化建设是大势所趋。高校的教师通过信息查询系统，可以在家里通过远程接入进入财务处综合信息平台，查询本月或本年的工资收入明细，可以通过财务信息查询系统直接联系公积金查询系统，了解个人公积金缴存情况，可以查询本人科研项目的明细或具体项目的详细情况；项目负责人可以随时随地了解项目的使用状态、支出明细及余额情况。

学生可以在家或在学校查询个人学费交纳情况、生源地助学贷款到款和发放情况、奖学金和助学金的具体发放情况、勤工助学酬金发放情况。学生家长也可以通过财务处综合信息平台了解该高校的地理位置、学校规模、专业设置、学费收费标准、住宿费条件、几个校区以及对贫困生有哪些帮扶政策等信息，还可以在线留言或提出问题。

财务处的领导要及时了解学校的财务状况、资金存量，就可以进入财务处内部平台，查询关于国有资产状况、规模，一般设备和专用设备信息，一些非财务指标也可以一目了然，如某设备的品名、型号、规格、产地、购买时间、维保期间、维修历史记录、使用情况和性能状况等。

校领导（分管财务）要从战略高度宏观掌握高校的资金动态，实时地了解高校的财务状况、银行贷款、银行存款、财政性资金使用情况，个别银行贷款规模，或某一银行某笔贷款的详细资料（贷款期限、贷款利率、到期日期），及对不同银行间的贷款利率对比。

通过财务管理信息化建设，能满足不同层次、不同身份、不同人的不同需要，更好地为广大教职工提供信息化服务，全面提升财务处对外服务的质量，大大提高财务处会计的核算效率，为高校领导的战略管理提供财务信息依据。

第二节　现代信息技术背景下高校财务管理新模式的构建

近几年来，高等教育的不断发展对财务信息化管理也提出了更高的要求。面对目前的状况，旧的管理模式已经无法适应当前的校园，这时学校的财务部门必须在以往财务管理模式的基础上，继续对财务管理的每一部分进行深化改革。财务管理不只是要求财务管理信息化的节奏可以跟上学校与社会的发展速度，也要求财务管理具有发展的潜力，从而促进校园财务管理的信息化发展。

一、现代信息技术背景下的财务管理相关概念

现代信息技术背景下的财务管理是指在信息技术的进步下，各大高校能够依据及时性、综合性以及以人为本的原则，运用电子信息技术对所有业务实施核对计算、信息分析、绩效评价等操作，按照信息原理和信息技术对会计流程进行重新整理。其能够把电子信息处理技术与财务管理技术恰当地结合起来，给各大高校的财务管理提供一个更好的平台。

现代信息化平台总共可以分为三种类型：第一，网络技术。网络技术的最大优点是可以将互联网上零散的各种有用信息有机地拼接成一个整体，实现资源共享，这样可以使用户更方便地使用网络信息资源。现代网络主要分为区域网、局域网和内部网，最大优势是可以将信息快速传输和共用有效信息资源。在现代高校财务管理中，其最基本的工作就是创建可以共享信息资源的校园财务网站。第二，财务软件。财务软件是指特意为会计工作所设计的高科技应用软件，当前的财务软件已经完善了相关会计核算流程，也提高了管理和信息分析方面的功能。大多数高等学校采用的财务软件均属于商业软件，具有教职工工资津补贴发放、学生收费、会计核算和银行对账等基础功能。在教育改革的潮流下，高等学校的经济管理也越来越追求精细化，对增收节支、绩效考核、控制成本费用等方面的需求也日益增加，所以高校财务软件创新是必不可少的。第三，数据库。数据库包含数据组织结构、存储和管理数据三部分。目前对数据管理最新的技术便是数据库，因此高校财务管理数据库在网络及财务软件的快速发展中越来越重要，在此背景下，怎样能够更加合理地应用数据、更有效地将数据组织起来、更严格地对数据进行管理就显得尤为重要。但当前大部分高校多是采用电子信息技术，创建可以体现现状的财务管理系统，特别表现在创建数字化校园方面。现代信息化下的财务管理方式是全新的管理方法，其最大的优点是具有双重效益、节省成本、增加经济效益和提高学校会计质量等，可以有效地实现学校各种各样的财务管理目的。

二、现代信息技术对高校财务管理的促进作用

（一）提升高校财务管理效率

20世纪80年代末90年代初，我国开始实行会计电算化，离开手工算账，伴随时代的脚步，信息技术逐步融入会计领域并快速发展。财务信息化和会计电算化存在最大的区别就是：财务信息化不单单是为了核算的准确度、方便性，而是说明在新型电子和信息技术前提下，创建一种能和其他信息体系相互联系、面向大众服务、共同决定问题的智能化处理体系，继而慢慢提高财务工作的质量和工作效率。最具有代表性

的例子是高校校园实施的"一卡通",每一个学生只需要用自己的身份证明进行注册,注册完之后就可以进行消费、货物交换与充值。"一卡通"有三个优势:第一,学生面对无论多复杂的缴费项目均可以使用"一卡通"来完成,学校财务部门只需要在后台结算窗口确认缴费金额就可以,有利于建设学校财务网络化管理体系;第二,"一卡通"通过学生身份注册登录,那么每个学生都有自己特有的个人银行账户,学生的学费就可以通过"一卡通"进行扣除;第三,学生也可以将自己的"一卡通"与银行卡绑定,那样就可以将银行卡中的钱自动转存到校园卡中,目前较为流行的"支付宝"手机缴费方式也已经在许多高校中得到应用,为学生提供了一个更方便的自助式财务服务途径。

(二)改变高校财务管理方式方法

高校以前使用的传统财务管理模式的不足主要表现为:重核算、轻管理。随着高校的快速发展,对高校财务管理也提出了更高的要求。创建一种最新的财务管理模式,离不开电子信息技术的发展和信息化平台的建设。若可以将财务管理与会计复核、记账、计算有机融合,就能提高会计核算的统一性和规范性,也能使财务管理实现控制数据和保障数据安全的目的。这样一来,财务管理和会计核算得到了更好的发展。

(三)拓宽高校财务服务范围

现代信息技术已经运用在高校教育教学改革的各个方面。财务管理方面也因为现代信息技术的应用从而扩大了工作范围,从财务网站的信息发布到财务数据的分析统计,均体现了高校财务"精细化、人性化"的服务管理目标,财务工作人员清楚地意识到学习信息化技术的必要性,从而提升财务服务的质量。同时,也可以促使财务工作人员把信息技术和平时的工作、生活联系在一起,使信息化实现跨领域发展。

(四)提升高校财务机构透明度

现代信息技术的不断发展和完善,使学校财务网站已可以实现财务信息的一站式服务,教职工可以登录财务网站查询包括财务机构设置、法规政策、数据查询等内容。2010 年,国家颁布了《高等学校信息公开办法》并大范围开始实施,其中对提升学校财务信息情况的透明度提出了更加严格的要求。而运用现代信息技术创建一个公开透明的财务网站,可以让广大师生都了解学校的财务状况,提高学校财务机构的透明度。

(五)增加对高校财务管理的监察管理

学校可以向广大师生公开财务基本信息,然后对财务信息进行收集整理、交换,使其越来越网络化、信息化,方便学校检查,使得财务部门拥有一个规范的、高效率的优秀形象。同样,加大对财务管理监管力度,也可以深化财务工作流程、提高工作方式,进而更好地对高校经济秩序进行规范。其中包含四部分:第一,深度优化经济资源配置;第二,对财务的控制更加合理化;第三,维护预算的严格性;第四,建立一个更加完整的预算管理体系。现在流行的"无现金报账"及校园实行"一卡通"都可以避免财务人员动用公款，减少校园内部的现金流动，确保了相关费用的及时收缴等。

三、现代信息技术在高校财务管理模式构建中的应用

（一）现代信息技术在高校财务核算流程中的应用

（1）进行网上报账。会计核算具有集中、统一、规范的特点，可以通过电子信息平台创建网上报账体系。报账人员按照报销规定通过网络实施报账，这样就可以不到报账单位进行报账，方便了广大教师。

（2）运用好虚拟专用网。运用好虚拟专用网主要是指建立一个稳定、安全的公共网络环境，实现数据安全传输。当前的虚拟专用网技术不仅可以处理高校不同校区间的各级财务会计核算，也可以解决财务数据统一和报表合并的问题，从而确保了会计数据采集的方便性和高效性。

（二）现代信息技术在高校财务管理支付流程中的应用

（1）进行网上实时结算。高校以前采用的资金结算方式，所有资金的转、汇等都与银行有票据交换，但受到交换票据和不同银行需要跨行的影响，资金结算会存在一定的时间差。而在网上进行结算时，不需要与银行有任何的票据交换，立刻就可以进行转账、网上支付等业务，更有利于提高资金利用率和对资金的管理。

（2）开通网上缴费通道。高校正常运作的前提是保证学费、相关费用的及时收缴。因此，各高校均需要创建一种方便、安全、快捷的缴费方式。缴费方式一直在进步，先是现金支付，然后演变为刷卡和银行代扣，但如果开通网上缴费通道，实现网上缴费，将会大大提高工作效率。随着网银技术的逐步提高，网上缴费已可以实现，而且必将受到广大学生的欢迎。

（3）进行转卡支付。高校中的转卡支付，指的是报销人报销完之后不需要提取现金，而是报销人指定银行卡，然后资金结算中心进行转卡支付的过程，这样的支付方式有利于提高资金的安全性。

（三）现代信息技术在高校财务管理服务流程中的应用

服务流程主要包括两种方式：语音服务和邮件组服务。语音服务是根据使用者长久的服务经验，使用一定的服务号码，然后按照不同的业务类型来提供相关的信息查询，最后转接到后台工作人员，这样就可以把相关的信息咨询由前台转接到后台。这种方式不仅减少了前台工作人员的工作量，也防止了一些意外情况的发生。当然，语音服务也可以使用语音预约报账排号，这样也能省下不少的报账时间。邮件组服务主

要还是依靠后台服务作用，一个作用是把国家颁布的相关政策、学校的有关规定及时传递给广大师生，从而加大宣传力度；另一个作用是工作人员可以依靠邮件组获取财务部门工作者的建议和想法，然后及时改进工作方式和方法，从而提高服务质量。

（四）现代信息技术在高校财务管理安全防护流程中的应用

（1）监控。随着高校的不断发展，资金也随之越来越多，所以在关键位置建立一些电子监控设备是财务安全保护措施中必不可少的。在网络运行过程中，体系和数据库的安全性相当关键，远程监控系统不仅可以在网络上获取信息，也可以在网络上实行正常的关机、重启等部分操作，还可以对较远距离的计算机设置一些常规的工作内容。

（2）门禁。财务工作的安全工作之所以很重要，是因为财务部门工作的特殊性。金库作为学校财务部门的关键，对其的安全保护要更加严格。因此，可以在一些财务关键部门创建门禁体系，设置人员进出限制，如有需要，也可以查找所有人员进出记录。这样不仅可以确保所有流动资金、重要设备、重要档案的安全，也可以更深一步地增强对财务单位内部的管理。

四、现代信息技术背景下高校财务管理的发展方向

（一）信息公开的民主管理

电子信息技术通过在网站、门户和一些在综合软件平台上的使用来拓宽财务信息渠道，也提高了财务信息的透明度，对财务民主化管理具有重要意义，同时也可以实现多个部门共同使用财务信息的目标。高校财务管理越来越趋向于信息化，所以财务工作的下一步就是将财务信息彻底公开化，并且将其固定到某个流程和对要公开的财务事项进行逐步审查批准，从而保证所有公开财务信息内容的正确性、真实性和有效性。在公开财务信息的同时，相关部门要把在平台上公布的所有信息进行密存，其中，包括信息中的关键性因素、信息审查批准的所有经过以及最终的审批结果，以便为日后的民主管理提供可靠资料。

（二）信息集成的绩效评价和决策

在积极运用现代信息技术的时代下，有必要对现代财务管理模式进行绩效评价和决策。所谓绩效评价是指通过比较正式并且结构化的指标系统来判断管理模式对工作结果、工作特性产生的影响，明确其可能具有的发展特性，为科学管理决策提供参考。当前信息技术发达，所给予的财务信息的准确性、公用性、整体性以及可用性都得到极大的提升，各种各样的管理模式和决策方式对体系预测和决定均具有重要意义。这样既可以实现对内管理的需求，也可以达到上级监管的需求及社会的需求。之所以创建高效率的绩效评价系统，就是因为在高校发展的过程中，要想实现教育资源设施的

最优化管理，就必须提升高校的经济效益和财务部门的管理水平。同时，所建立的绩效评价系统要有利于管理决策，并给高校财务创新指出新的发展方向。

高校财务管理信息化是指高校财务部门对全校的收入、支出及各种数据进行分析、处理、监控、管理的过程，它是高校信息化管理系统的核心组成部分。同时，财务管理信息化的发展与整个学校息息相关。一方面，随着互联网技术与网络金融的不断完善，高校的财务工作正在逐渐从传统的核算职能向管理职能不断延伸，在资金的滚动预算、教育成本精确核算、专项数据分析和领导决策支持等方面正在成为许多高等学校财务管理重要的功能；另一方面，财务工作以信息化为手段，将财务工作从繁忙的会计核算、填写报表中解放出来，将财务工作的中心转变为能够提供及时的财务分析数据和决策信息，从而为高校创造越来越多的管理价值。

第三节　借助信息化技术构建高校财务管理内部控制系统

对于当前高校财务管理内部控制工作的开展来说，信息化技术的应用是提升内部控制工作水平的一个重要途径。因此，应从科学角度发挥信息化技术的应用优势，更好地服务于高校自身的财务管理工作，使高校自身的经营管理水平得到进一步提升，构建良好的基础环境，满足当前新时期高校自身财务方面工作开展的多方面需求。

内部控制工作的开展，对于高校自身财务管理工作来说是一个非常重要的构成。提升内部控制工作的开展水平，可以更好地满足当前新时期高校自身财务管理工作的开展需求，同时也能够对高校内部管理工作中的一系列违规行为进行遏制，提升运营管理水平。在当前信息化时代下，信息技术的合理应用能够进一步地满足和适应新时期高校内部控制工作开展的相关需求，并且构建一套更加科学的管控体系，促使整个财务管理水平的提升。

（1）给予信息化技术的应用以科学的认知。在高校内部控制过程中，要想确保内部控制信息化工作的开展效果，我们就应该从思想上对新的内部控制信息化理念进行有效的推进和落实。在具体内部控制信息化管理工作上，我们应该从高度覆盖和深度执行的角度，对内部控制信息化管理工作的开展效果进行强化，引入更加科学、高效的管理思路和管理理念。高校业务活动具有较强的专业性特点，相关内部控制信息化管理工作的开展落实，也需要其他部门给予相应的支持和配合。如果我们内部控制信息化管理意识不到位，对于内部控制工作的开展不够重视，那么就很难保证内部控制信息化管理工作的落实成效。内部控制信息化管理部门负责人员应该做好现场内部控制信息化管理工作的有效宣传，让其他部门的人员养成良好的管理意识，能够主动地遵守和执行内部控制信息化管理工作的各项制度。

（2）做好信息化技术应用基础设施方面的构建。信息化技术的有效应用，需要一套完善的软硬件基础设施作为支撑。在具体信息化技术应用的过程中，我们应该结合高校内部控制工作开展的相关需求，做好基础设施方面的建设工作。相关的管理人员需要结合高校内部控制工作开展的特点，做好充分的调研分析，积极地为各项信息化技术的应用提供一套可靠的基础条件，这样才能更好地满足当前信息化技术应用的需求，才能更好地给予内部控制信息化良性发展的基础支持。

（3）围绕信息化技术对内部控制工作的程序进行相应的优化。从信息化技术应用的角度来说，内部控制工作在开展上应该结合其具体业务流程的特点，对信息化技术应用的优势和特征进行充分发挥。在当前高校内部控制体系中，其涉及了输入控制、计算机文件控制、计算机系统终端及输出控制等方面的内容。从信息化技术应用的角度来说，在具体内部控制系统平台应用上，我们应该做好操作规范的控制，并结合系统的控制能力和处理能力的需求，做好整体流程规范性的改进。与此同时，从内部控制的角度来说，我们可以结合信息化技术应用角度，对于内部控制流程中的一系列关键节点进行明确，并通过相应的梳理将其固化在信息化管理系统当中。从信息化技术应用的角度来说，我们也能够在流程当中引入标准化的管理思路，对于其中的业务流程、权限、职责以及参数等方面进行相应的设定，配合一些系统外控制等手段，实现整体内部控制效率的提升。

（4）利用信息化技术实现对内部控制风险的有效管控。在当前高校内部控制工作开展的过程中，通过信息化技术的应用，也能够对财务管理工作中的一些风险进行更好的规避，并且实现对财务工作流程方面的有效监督和控制。例如，从管理权限的角度来说，我们可以通过身份认证机制的应用，对财务人员自身的工作权限进行分配，结合实际情况对财务信息进行规范化的处理和储存，这样整体内部控制工作在执行的过程中，可以减少人为感染所造成的风险。与此同时，通过信息化技术手段的应用，也能从安全性的角度实现对财务数据方面的有效保护，避免数据的损失和破坏，同时通过不定期的数据抽查，也可以让整个数据和账目的一致性得到保证。另外，我们也应该意识到，信息化技术在应用的过程中，一些关于数据库、自动化信息处理系统等方面的安全控制如果出现问题，就有可能引发非授权访问等方面的问题，这些问题一旦出现，就会导致出现后续系统功能和数据方面的破坏，影响整体系统的正常运行。相关管理人员也需要从信息化安全管理技术的角度入手，做好相应的措施配合防火墙、杀毒系统等技术手段的应用，从信息化技术的角度对安全方面予以良好的保障。

（5）加强人员管理。在具体高校内部控制管理信息化工作开展的过程中，高校内部管理人员应该做好相应的管理培训，让现阶段内部控制管理工作中存在的问题得到更好的认知与了解的同时，也要更好地利用当前的信息化管理思维，解决现存的内部控制管理工作中存在的问题和不足。相关的管理者本身应该在思想意识上给予足够的重视和关注，并且在具体工作的执行上，能够从更加科学的角度对内部控制管理的理念进行更加合理的运用。与此同时，我们也应做好内部管理培训工作的开展和执行，结合当前信息化技术的应用要求，让在岗人员掌握内部查询系统、财务管理系统、报表管理系统、财务处理系统等的操作，更好地适应当前内部控制信息化的整体效率。例如，我们也应该结合实际财务管理系统操作的需求，配备专门的信息系统管理人员，让其能够定期地展开系统日志、安全性的核查，做好信息网络安全方面的防护，提升内部网络的安全性，这样整个财务信息管理系统的运行也能够保证更好的稳定性。

总而言之，在当前新的发展形势下，高校财务管理工作开展过程中，我们必须要给予信息化技术应用以充分的重视和认同，并且结合实际工作的开展需求，做好整体工作的优化和改进，充分发挥信息技术的应用优势和价值，提升内部控制工作的开展水平，保障高校财务工作的规范性和有序性。

第四节　信息技术环境下高校财务档案管理刍议

高校财务档案是记录和反映高校经济任务的重要历史见证，也是高校日常管理中的一项重要组成部分，对于保障高等教育事业可持续发展有着关键性作用，同时也是重要的信息支持与资源保障。要做好高校的档案工作，更快和更好地提升高校财务档案信息化管理水平，就必须强化制度建设、提高人员的管理素质、加快技术创新、夯实基础设施，保证高校日常工作的正常运作，从而更好地保障档案的安全性。

高校财务档案作为每个高校记录自身发展历史的见证，有着非常重要的意义。因为高校财务档案管理内容包含着一些财务方面专业的记录文件，例如，有财务支出的会计账簿、日常生活中高校的支出财务会计报表和对资金流向进行总结的财务分析报告等大量的财务专业资料。这些档案都能够很好地记录高校在历史的发展过程中的真实情况，也是高校在特定的历史时期的一个阶段性的一份真实的历史反映。因为本身的特殊性，档案既是记录信息量繁杂的经济性财务资源，也是进行财务统计的基础性工作。随着现代科学信息技术的快速发展以及高校自身的发展，传统的财务档案管理模式已经在很大程度上阻碍了高校教学的发展。所以在新时代要想更好地管理信息技术环境下的高校财务档案，就要建立健全管理制度，保证内容和流程的准确合理，通过这些措施更好地提升高校财务档案信息化管理质量。这也从侧面体现了高校的综合办学能力。

一、信息技术环境下高校财务档案管理的基本内容和特征

（一）高校财务的档案信息化管理内容分析

1. 传统的实物纸质财务档案

由于档案本身的特殊性，高校财务档案主要是以传统的纸质财务档案信息化管理的主要形式。它主要包括会计凭证类、会计账簿类、财务报告类以及其他的一些类别。它们又分别包括大量的内容，例如，会计凭证类包括各种支出记账凭证、年度总结的汇总记账凭证，以及在会计账簿类之下各个类别的明细账目；在财务报告类中又包括各个季度的财务报表以及附加的附表文字说明等各种内容；在其他类中同样包括大量的内容，对会计核算资料进行依法保存，对已经整理好的各种会计档案进行相应的移交保管。因此，档案管理工作是一项比较复杂的工作。

2. 磁性介质财务档案

随着科学技术的发展进步，档案管理也不再局限于纸质管理。随着计算机科学的发展进步，人们可以把档案存储在计算机硬盘、光盘、U盘等磁性介质上。通过这些新型的存储方式，管理方案也发生了改变，对于磁性介质的档案管理而言，最好的保存方式就是以电子数据终端的形式储存在计算机的数据库里面，这也是当下最为常见的一种信息化管理模式之一。同时，由于计算机本身的工作性质，应该对每年产生的大量数据在年终进行数据库的备份。由于计算机的发展比较迅速，档案管理人员经常要对计算机进行更新，存储在计算机上的财务软件也要进行及时的更新，升级前也要备份好数据库文件。对于一些特殊的不便于存储在计算机上的档案，应该妥善地存档，以保证档案的安全性。

（二）各个高校当前的财务档案信息化管理的特征

1. 存储载体的多样性

随着科学技术的进步，现在高校的档案管理可以选择的存储载体也越来越多样。现在的存储也不再局限于以往的比较单一的纸质介质，例如，可以根据档案自身的情况选择磁盘或是光盘、U盘等不同类型的存储媒介来进行档案存储。它的优点也是显而易见的，这些新型的储存媒介不仅安全可靠、节省存储空间，而且通过计算机就能随时调用并且能长久保存。这些便利储存媒介的出现都在很大程度上满足了高校的发展需求，便于利用，提高了价值。

2. 财务信息的安全性

新的技术手段的应用虽然有便利的一面，但是也有各自的缺点。这些存储载体最为常见且难以解决的问题就是信息的安全性。由于网络的便利性，相对于纸质的档案管理，多媒体存储安全隐患反而更大了。因为，对于传统的手工会计而言，由于财务

档案内容多、信息量大，要想快速地查找一项内容，并不能很快实现，只能依赖于低效率、高强度的人工查账，但是在信息技术环境下，就能很好地利用计算机的筛选功能来直接实现档案的快速查询。档案管理人员在操作计算机系统时，如果疏忽就会很容易感染一些病毒，并且常常遭到不明黑客的攻击，导致信息泄露。同时，由于档案管理的特殊性，利用计算机技术很容易实现对数据的复制和对一些档案进行更改而不被发现。这就会导致信息安全存在很大的漏洞。所以，加大对计算机的监管力度，保证数据安全，是高校财务档案管理信息化的前提。

3. 与综合办学水平的关联性

由于高校财务档案是反映学校发展过程中经济信息的重要资源，档案管理水平好坏往往直接决定了财务工作和档案管理工作的优劣，而且档案管理是高校日常管理的基础性工作之一。因此，档案管理水平也是考察高校办学水平的指标之一。随着现代教育环境的改变，高校的经济业务及参与的社会活动也变得日益频繁，教科研等各项经费收支也在逐年增长，这就不可避免地导致高校财务档案管理越来越复杂。所以，保证档案的真实完整性、信息的安全性将会直接影响综合办学水平。

二、高校财务档案信息化管理的发展现状

（一）三重三轻现象严重

重纸质载体，轻电子文件；重行为习惯，轻制度规范。随着当前的技术发展，计算机技术已经普及到了各个行业中，但是很多高校在管理财务档案时，收集、归档、保管、查阅、对无用档案的销毁处理仍依赖传统的手工系统，很多时候只习惯存放纸质档案。财务档案信息化管理工作却不能得到应有的重视。由于计算机的特殊性，对储存在上面的电子文档、程序文件等没有及时进行备份和归档，就很容易造成数据丢失和文件毁损。同时，管理人员重行为习惯、轻制度规范也是一种很大的管理缺陷。由于计算机技术发展得比较迅速，很多高校档案管理人员往往不能很好地熟练运用各种管理软件或者不具备档案管理学知识。很多日常财务档案管理还是依托于以往的经验、习惯完成。然而对于计算机执行会计处理后产生的大量电子文档、备份文件等新的财务档案信息载体的相关保护却缺乏相应的管理。

重后续的管理，轻前台基础的建设。由于财务会计工作的性质决定了必须确保前期基础工作的正确性，不然就会导致"一步错，步步错；垃圾进，垃圾出"的管理失误。在很多时候，由于网络化的快速发展使得高校财务档案管理内容信息量变得非常大，处理这些信息往往要花费大量的时间与精力。一些高校就会疏于建立会计档案入库前的审查监督制度，只重视档案移交的后续管理，从而不能更好地保证档案信息的准确性。

（二）缺乏四种意识

缺乏时效性意识和完整性意识。对于档案管理，在原则上先由财务部门归档、编制清册，然后再全部移交到档案部门进行保管，个人是不允许自行封存保管的。但在实际工作中，为了方便随用随拆，而没有存放到档案库中，导致了很多资料是不能做到及时归档处理，并不能向档案管理部门及时移交。由于档案管理人员的素质参差不齐，在很多时候不能很好地协调工作，对于一些档案就不能更好地进行归档处理。由于工作人员的责任意识不强，往往只对那些比较重要的磁性介质财务数据文件或者辅证材料文件进行管理，缺乏完整性的管理归类意识。

缺乏过程控制意识和利用效益意识。很多高校在档案管理方面都存在人手不足的问题，不能将财务管理活动过程中形成的大量原始凭证进行有效的整理、归档。档案管理人员缺乏很好的过程控制意识，从而不能很好地保证财务档案的质量，缺乏利用效益意识也会导致档案管理工作不能更好地为高校的可持续发展服务。

三、提高高校财务档案信息化管理水平的举措

（1）技术创新。随着计算机技术的快速发展，以往的管理模式已经不能很好地适应现在的发展需要。探索新的技术创新是为了能更好地满足新型档案载体管理的要求、提高档案信息的智能化处理能力。因为随着新型存储介质的不断推广应用，以新型载体为对象的财务档案管理模式将会是未来的发展趋势。通过有效地保护档案信息内容的安全性、完整性与真实性，通过改革创新来提高和维护高校财务档案管理信息化的安全，通过引进先进的技术设备来更好地满足新型档案载体管理的需求。

（2）夯实硬件基础和提升软件档次。要想更好地解决好财务档案管理问题，必须从计算机入手。通过提升财务档案管理的一些硬件设施，更好地保证信息安全。另外，也适当购进新的管理设备，从而保障财务档案更加规范。同时，可以提升软件档次，保证所使用的软件能充分发挥出自己应有的技术优势帮助进行管理，从而最大限度地满足需要。

采取以上措施的主要目的是更好地服务于信息技术环境下高校财务档案管理，促进高校快速发展。

第五节 信息技术在高校科研经费财务管理中的运用

随着经济的发展及科技的进步，信息技术已深入各行业中，本节着重从高校出发，选取科研经费财务管理这一视角，综合分析信息技术在其中的运用与拓展，从而探索

出高校科研经费财务管理的现代信息一体化发展路径，希望对高校科研经费财务管理水平的提高有借鉴。

随着社会的不断进步，行业间对软实力的重视程度日益加深，对于高校而言，其教学及科研要实现现代化，就应和与时俱进的经济发展趋势实现迅速接轨，并将高效的信息技术应用到高校各个教学及科研领域，以实现高校的长足发展。

但是，我们要清晰地认识到高校科研经费在财务管理上具有特殊性，其在教学科研的实际攻坚过程中，伴随着探索创造性、结果未知性及困难隐藏性等特点。因此，为了保证能够在现有的环境下，有限的资源里，保质保量地完成科研进度，科研经费财务管理显得尤为重要。在现行阶段，应注意财务管理工作与信息技术的紧密结合，才能最大限度地提高高校科研经费管控能力及资源的使用效能。

一、信息技术在高校科研经费财务管理中的应用现状分析

在高校建设中，行政管理人员怎样做才能高效而有序地处理好头绪繁杂的校内日常事务，并使分布较为分散的高校科研人员方便、快捷地共享最新研究成果，是高校信息化建设的重中之重。

在现阶段，从课题选报、审评、公示、立项过程进度管理及后期的成果鉴定、评审到成果转化过程已经实现了全程的信息化管理，这不仅促进了信息化的涵盖范围，更促进了经费管理决策执行的公开化与透明化，但初步建成的信息技术运用体系在实际实行过程中仍存在以下不足。

（一）信息管理中造成科研经费的浪费

（1）信息交流渠道不畅。众所周知，科研项目是一个不断进步、发展，关乎民众、经济、国防等各大方向的重点项目。在高校中，科研信息包括课题、成果及科技人才三大主要方面，随着时代的变迁，课题申请、验收，科研成果鉴定及人才队伍建设从未间断，在此过程中的科研经费财务管理贯彻始终。因此，科研相关信息交流渠道不畅，会大大增加科研经费的无故浪费，且不易于提高科研项目的工作效率。

（2）信息更新速度较慢。高校在实现信息化进程中都纷纷建立了自有特色的门户网站，随后，各大科技管理、财务部门等与科研经费管理相关的组织也相继建立了自己的网站。但是，多个网站的建立不免雷同，而各个网站也会因信息技术水平、知识结构体系、信息来源的不同而出现内容衔接上的差异，这样，不但会给校内工作人员带来大量的重复工作，还会对访问者造成茫然，增加了网站运作、维持相关费用的同时，网站内容常因更新较慢而流于表面，没有发挥网络化的真实效用。

（3）信息缺乏安全保障。网络化、无纸化办公已成为高校顺应形势发展所选择的一种新型办公方式，这不仅能提高高校的运作效力、管理水平，更能节约成本，尤其

在科研经费紧张的前提下，可以加大科研经费的利用率。但是由于部分教职工不能熟练掌握信息化的相关技术，在科研课题申报、成果验收、科研成果共享等环节不能熟练地操作软件，往往会给经费的财务管理工作造成一定的影响。另外，科研信息传递、共享的方式多样化也使数据在安全及保密上存在隐患，不利于高校网络化办公的深入落实。

（二）经费需求不断激增

高校内部需要科研经费的项目层出不穷，而经费的筹措却十分有限。在高校科研项目建设中，内部的人力、物力、财力是一笔巨大的投入，而在使用外界信息资源时，使用费又偏高。这样，如果进一步提高信息化应用，势必会进一步加大科研经费的投入，从而加大科研经费财务管理的执行难度。

（三）人才队伍建设不同步

实现信息化要基于应用人才的不断努力，而在从事科研经费财务管理方面的人才往往没有接受过专业的培训，边工作边摸索，在工作上常表现得力不从心。因此，培养经费财务管理及信息化技术的复合型人才，对于提高信息化在此项目管理中的应用大有裨益。

（四）信息化理念薄弱，缺乏科学规划

现代化网络的建设不能满足日益变化的信息需要，在信息化的应用中没有主动性，理念意识薄弱，亦或是实现网络办公仅仅是高校现代化的表现，而不能切实深入科研项目的应用中，这样便很难进一步完善科研经费财务管理的各个方面，且在经费财务管理中，缺乏科学、统一规划，这无形中会导致科研经费使用重复、无序现象的滋生。

二、信息技术在高校科研经费财务管理中的运用革新

随着高校科研项目的日益发展，实现资源共享的目标使得信息技术在高校中的应用存在现实可行性。然而，实现科研经费财务管理信息化尚需具备专业的领导组织机构，在基于项目申报、审批、立项、进程研究、结项及成果转化等全过程的经费财管过程中，建立网络数据库系统，以实现其信息化平台的设计全面化、更新及时化、使用便捷化，才能进一步强化信息技术在科研经费财务管理中的应用。

首先，加强信息化在科研经费财务管理中的运用，应做好科研项目前期的调研工作。

（1）根据高校年度内具体科研项目的实际预算，结合科研项目的具体特殊性，建立符合实际标准的经费耗用标准，以督促校内科研人员节约各项资源。

（2）对科研项目经费中的可控成本，要严格执行制定的标准，不得擅自改变标准

体系。

（3）针对每项科研项目的经费使用制定财务预算，制定预算的目的不仅是要保证科研项目的顺利执行，还要满足高校未来发展的整体趋势的要求。

（4）制定有效的监督体系，实行归口管理。科研经费的报销要采用实报实销、集中支付等财务原则，以便更好地实现监督与管理。

其次，加强信息化在科研经费财务管理中的运用，应做到数据采集的及时、准确，并建立有效的制度保障。

一方面，高校在科研经费财务管理方面应建立日趋完善的组织体系，为科研经费的财务核算提供坚实的后盾；另一方面，高校在科研经费财务管理过程中应用信息技术，依据自身科研实际开发科研项目管理模块，实行数据统一采集、统一报送。只有基础数据采集及时、准确，且制度的制定切实可行，才能为科研经费财务核算赢得好的管理基础，并提供切实的制度保障。

再次，加强信息化在科研经费财务管理中的运用，应依据科研经费核算现状，加大资金投入力度。

高校在科研经费财务核算的实际工作中仍现存一些不可协调的问题：立项审批时间长、使用权限受限、信息渠道受阻等问题，均会在某种程度上影响教学科研人员的工作积极性。另外，对于新兴领域的研究耗时长、耗资大等特点决定领导层在新兴立项考察时缺乏辨识性，但正是新兴领域才更需要专业、高素质人才进行开拓、研发。因此，高校及相关部门应适当加大资金的投入力度，支持科研人员工作，以更先进的科学成果回报社会。

最后，为了加强信息化在科研经费财务管理中的运用，高校应推行全面细化的预算管理工作，建立长效项目负责制并实行全过程的目标跟踪与控制，并加强科研经费的内部控制，强化经费的日常支出管理。做到以财务风向为指引，以高校发展为导向，杜绝科研人员利用职务之便营私舞弊，这就要求相关部门要做好基础工作，具体包括：① 审核原始单据的合法性；② 针对将要结题的项目，做好收尾工作；③ 审核是否存在尚未执行的合同等，这样才能从财务口径做好科研项目的经费管理。只有保证在信息化应用中原始数据的正确录入，才能在发挥高效的前提下进行更好的经费管理。

针对目前信息技术的应用趋势，各高校应苦心专研其在科研项目经费管理方面的实际应用。保证在不影响正常科研工作的前提下，合理、有效、适时地运用科研经费，调动教学科研人员的积极性，才能使高校更加完善科研经费的财务管理工作，并在自身价值体现及社会贡献上奉献出各自的一分力量。

第六节 依托信息网络技术提升高校医院财务管理水平

传统的高校医院财务管理以手工方式为主，财务人员忙于应付日常事务性工作，工作效率低、数据误差大。本节依托校园信息网络技术，构建高校医院财务信息化管理系统，主要模块包括门诊挂号收费管理系统、住院收费管理系统、药库药房管理系统、财务数据中心。在实施该财务信息化管理系统后，明显地缩短了患者就医时间，提高了高校医院财务信息的透明度，提高了资金使用率，为医院成本核算打下了坚实的基础。

高校医院作为高等院校的一个职能部门，主要为高校教职工和学生提供预防保健、疾病医疗、健康教育等服务工作，还要承担校内大型活动的保健工作以及公费医疗报销等工作。在保障教职工和学生的健康安全、保证学校的稳定、控制公费医疗超支、完成公益性服务等方面发挥了极其重要的作用。随着我国医疗保险制度的逐步实施和高校后勤社会化的全面启动，高校医院的业务受到很大冲击，病人可以自由选择医疗机构看病，高校医院的生存、发展受到了严峻挑战。现在许多高校医院的财务管理还停留在手工方式，劳动强度大且工作效率低，财务人员的大量时间都消耗在记账、算账、报账的日常事务性工作上，根本没有精力用于加强医院的资金管理、资金监督和内部会计控制。目前，高校医院财务在利用信息化管理手段上还比较落后，由于没有完善的信息网络技术，造成许多数据资料的统计分析根本无法进行，影响医院的整体工作效率。现有的高校医院财务管理已不能适应医改的需要，要建立一套与医改相适应的高校医疗财务管理体系，必须依托信息网络技术管理。

一、信息网络技术与医院财务管理

随着计算机技术及网络技术的迅速发展，医院财务信息化建设显得越来越重要。信息网络技术是指在现有的数字化网络平台的基础上，利用服务器、网络接口、数据终端等硬件设备及软件，构建高校医院财务信息化管理系统，对医院日常的记账、算账、报账等数据进行实时的存储、加工、传输与分析应用，从而实现财务信息数据利用最大化、信息共享通用化、财务管理规范化、决策管理科学化的目标。

根据信息网络技术特点，构建基于分布式网络结构的高校医院财务管理系统，达到改变高校医院财务管理手段普遍落后、信息技术应用程度不高这一现状的目的。我们依托校园网络技术平台，设计开发了医院财务管理信息系统，实现了财务管理与医院业务之间的有机结合。高校医院财务管理信息系统对财务信息的处理可分为三个层次：财务数据收集、加工、处理。由此解决了高校医院财务管理存在的效率低、劳动强度大等问题，提高了医院的财务管理效率，充分发挥了财务信息化管理在医院财务实际工作中的作用。医院财务管理信息化是医院信息化管理的一个重要组成部分，医院财务管理信息化水平的高低直接影响医院的经营决策。

二、高校医院财务管理系统的内容

基于网络技术开发的高校医院财务管理系统的内容主要包括：门诊挂号收费管理系统、住院收费管理系统、药库药房管理系统、财务数据中心。

（一）门诊挂号收费管理系统

当病人来到医院第一次挂号时，都会分配一个"就医卡号"，以后病人再来看病时，只需打入"就医卡号"就能进行挂号。这样就明显减少了收费员重复录入的时间，同时也减少了病人排队等候的时间。病人在医生处看完病后，医生工作站立刻把收费信息传递到挂号收费室，收费员只需输入"就医卡号"就可以迅速、准确地收取费用，避免了错收、漏收，减少了医院的经济损失，这样也减少了病人等候划价收费的时间，收费员的工作效率大大提高了。挂号员每天根据日缴款报表向财务科交款，做到日清月结。

（二）住院收费管理系统

收费员根据病人的入院登记卡录入病人的详细资料，必须包括住院号、费别、姓名、性别、职称、入院科室等信息。医生每天在病房开立医嘱，护士将病人的各项费用录入计算机，中心药房根据计算机数据把药物送到病房护士站，由护士把相应的药物逐一分派到相应的床号患者手上，出院时再统一把数据输送到医院收费部门统一收费。住院收费系统的建立，提高了收费人员的工作效率，可以在计算机中随时查阅收费情况，对每个病人的费用进行实时核算，方便病人打印住院费用清单。一切通过计算机操作，自动计费，基本上堵住了欠费、漏费及人情费的情况。

（三）药库药房管理系统

在药库药房管理系统中，对购入药品办理入库手续。将购入药品的品名、规格、剂量、购入价、批发价、数据、有效期等相关信息一并录入计算机，能使医院财务部门及管理者随时掌握医院的药品销售及库存情况，指导药品储备，保证临床用药，防止药品积压，降低药品损耗，提高资金使用效率。

（四）财务数据中心

医院的门诊挂号收费管理系统、住院收费管理系统、药库药房管理系统相联系，构成医院财务数据中心。财务数据中心的建立实现了医院财务统一管理，使得医院财务人员可以随时查询各种财务信息，实现数据共享，保证医院财务实时掌握最新的信息和数据。实时监督门诊收费人员和住院收费人员，对每日收费金额进行核对，保证医院收入到账。计算机代替人工完成记账、算账、报账、查账工作，财务人员利用计算机对财务信息进行统计、分析、判断，为领导决策提供支持，节约了大量的人力、物力和财力，赢得了宝贵的时间。财务管理信息化具有运算速度快、存储容量大、数据高度共享、检索查询速度快捷、编制报表简单、数据分析准确等特点，从而使收集、整理、传输、反馈的会计信息更准确、更及时，满足了医院财务管理的需要，提高了财务分析和决策能力，更好地实现了财务参与医院管理和决策的职能，从而推进了财务管理制度的改革和医院财务管理现代化进程。

三、信息网络化技术对医院财务管理水平提升的效果

（一）缩短了患者就医时间

财务信息化系统的应用，消除了患者来医院就医时出现的排队多、等候时间长的现象。医院财务管理信息化，实现了财务信息的全过程追踪和动态管理，简化了患者的诊疗过程，改变了目前排队多、等候时间长的局面。以往教职工、学生对校医院最大的意见就是排队多，挂号、收费、取药等候时间长，看一次病，少则排 4 次队，多则排 5～6 次队，用于排队等候的时间最少在 1 小时以上，教职工、学生对校医院普遍不满意。财务信息化管理使医院面貌焕然一新，根据委托第三方进行的病人满意度调查，病人满意度从 60% 上升到 80%。

（二）提高了财务人员的综合素质和医院财务管理水平

财务信息化的应用，减轻了财会人员的劳动强度，提高了工作效率，也增强了财务人员的竞争意识，改变了观念，愿意积极主动地去钻研业务，不断更新知识，提高了财务人员的整体素质。在手工记账时期，投入了大量的人力、物力去记账、对账，由于工作量大，财务信息提供不及时，准确性差，造成医院的经营状况和经营成果不能及时、有效地反映出来的情况。随着医院财务管理信息化的逐步开展，各种数据的计算、分类、归集、存储、整理、分析等由计算机自动完成，规范了医院财务管理，降低了劳动强度，改善了工作条件，工作效率也比以前大为提高，充分发挥了财务的监督管理作用。

（三）提高了高校医院财务信息的透明度

内部控制是医院管理的基础，完善的内部控制制度，可以降低成本，提高效益。加强财务监督与审计，是做好高校医院财务工作的重要措施。高校医院属于学校二级财务，内部控制制度并不健全，以前手工记账、手工划价，容易造成财务管理上的漏洞。现在通过财务信息化管理，提高了高校医院财务信息的透明度，使不同岗位互相监督、制约，也提高了医院的经营管理水平。

（四）加强了药品管理，提高了资金使用率

药品是医院流动资产中相当重要的部分。以往药品价格全靠划价人员记忆，容易造成差错。现在不再需要划价人员，财务人员可以随时利用计算机查询药品的进销存情况，科学地设定药品最低储备额，防止药品积压。现在医院实行药品网上招标，"阳光"采购，节约了大量资金，大大加速了资金周转，提高了资金使用效益。定期对药品进行盘点，药库的盘点准确率基本上可以达到100%。

（五）为医院成本核算打好基础

以前由于种种原因，医院一直没有实行成本核算，由此造成高校医院人员"吃大锅饭""等靠要"的思想比较严重，缺乏竞争意识。另外，医院财务管理手段基本上是用手工记账方式，效率低下、差错率高、观念落后，财务账目中的大量数据难以及时进行查询、统计及分析。随着医改的不断深入，高校医院必须实行完全成本核算制度，进行成本的管理、控制和分析，不断提高医院资金的使用效率。依托信息网络技术管理，使成本核算成为可能。财务人员把工作重心转移到提高医院资金使用效率上，使医院财务管理从核算型向管理型转变，强化财务管理，这样才能面对改革，迎接挑战。

高校医院的主要目的是为教职工和学生提供便捷及时的医疗服务。其社会效益大于经济效益，在满足高校教职工和学生医疗服务的基础上，适当提供对外服务，增加医院的知名度和经济效益，也是理所当然的。依托信息网络技术平台建立的财务管理信息化系统，为分析经营成果提供了条件，运用各种财务指标，根据有关会计资料和统计数字，应用综合评价技术去反映医院经营管理现状，实时处理医院经营管理中存在的问题，不但提高了医院的社会效益，也提高了医院的经济效益和竞争能力。

第二章 云计算技术与高校财务管理研究

第一节 云时代下的高校财务管理新视角

随着云时代的到来，利用云计算技术实现财务与"云"的结合是未来财务发展的必然趋势。高校财务应充分把握云时代为高校财务管理发展所带来的机遇，利用"云财务"管理模式有效解决传统财务管理模式中管理效能低下、财务信息凝滞、信息化成本高等诸多问题，提高高校财务的工作效率和管理水平。

一、云时代背景研究

随着现代科技的迅速发展，人们深刻地认识并描述着自己所处的时代。从知识经济时代、全球化时代到互联网时代，从不同角度看现今时代有不同的定义。现如今，一个全新的称谓——"云时代"，快速占据了人们的眼球，以迅雷不及掩耳之势改变着我们的生活。所谓"云时代"，实际上是"云计算时代"的简称，依托云计算技术的不断普及，带来信息系统结构颠覆性的变革。2007 年 IBM 和 Google 宣布了云计算领域的合作后，云计算开始作为一种全新的商业和应用计算方式被提出，并迅速成为学术界和产业界研究的新热点。随着近年来的快速发展，最简单的云计算技术在网络服务中已经随处可见，如搜索引擎、网络信箱等，用户只要输入简单的指令即可获得大量的信息。因此，云计算正以其超强的计算能力、灵活方便的操作模式、高可靠性与通用性的特点引领着信息时代前进的方向。

国内云计算领导厂商浪潮集团在北京举行的 2013 云产品发布会上，通过了首次定义"财务云"概念，推动企业财务管理步入云端，迎来了在云计算和移动互联网背景下，以云计算为支撑的财务云时代的到来。财务管理与"云"的结合，可打破地域、时间和传统意义上的核算主体的约束和界限，会计核算的职能更加清晰与专业，管理也更加精细化。

二、"云财务"的提出对高校财务管理的借鉴意义

高校财务所需的数据和资源都存储在云中，财务人员可以随时随地处理各种账务，不受时间、空间的限制。这为财务人员下学院、下基层为广大教职工服务提供了技术支持，较好地实现了财务服务重心的下移。

基于以上原因，未来高校财务工作的发展方向应是通过网络服务来实现财务的所有职能。任何需到财务处办理的业务均可在网络上受理，师生足不出户即可办理学费交纳、经费报销、项目结题、经费使用情况查询等业务，基于云计算的"云财务"管理模式将这一设想变为现实。高校可以把自有的业务流程和想法快速应用到管理软件中，通过信息系统模块的个性化定制，使服务对象只要处于网络中，无论所处位置和使用终端类型均可以获取服务。所请求的资源来自"云"，应用在"云"，服务对象只需要一台个人计算机或者智能手机等终端，就可实现通过网络服务来办理所有经济业务。

三、高校"云财务"管理模式

（一）"云财务"管理模式概述

"云财务"管理是一种全新的结合网络应用的财务管理模式。通过运用云计算技术的优势与特点，有效解决了传统财务管理模式中管理效能低下、财务信息凝滞、信息化成本高等诸多问题，经济高效地为会计核算、会计管理和会计决策服务。

（二）高校"云财务"管理模式的特点

在"云财务"管理模式下，高校管理层和财务数据使用者可以随时随地掌控财务，实时查看高校财务数据，不需要等到期末，信息的同步和共享变得更加便利了。

"云财务"灵活的自定义功能和个性化服务可以满足服务对象的各类需求，能将会计分录、会计核算、报表等应用中个性和变化的要素转化成会计软件中的自定义功能，按服务对象需求得出所需的信息。

随着高校财务管理水平的提升，财务管理的功能与作用已逐步上升到服务学校战略的高度，财务提供的原始数据是学校重大战略决策的决定性因素。然而，现有的高校财务信息化系统局限于传统的原始凭证的录入以及提供简单的账务查询功能，原始数据的分析、归纳功能较为薄弱；财务报表基本采用固定格式，所反映出的高校资产、负债情况较为单一，无法满足个性化信息需求，严重影响了财务管理在学校经营决策、分配政策等方面应发挥的重要作用。除此之外，高校财务主要为教学科研服务，高质量的服务就是以最快的速度为广大教职工提供全方位的温馨服务，使他们有更多的精

力与时间投入教学科研工作中。这必然要求高校财务工作者不断创新服务方式，充分利用先进的信息系统来提高服务水平。

云计算提供商拥有超大规模的"云"，可为用户搭建信息化所需要的所有网络基础设施和软硬件运作平台。高校无须再购买诸如服务器等昂贵的设备，也不必为计算机和应用程序的升级维护而不断付费，可节约大量的购置成本、运行成本和维护成本。

四、云时代为高校财务管理发展所带来的机遇与挑战

（一）云时代下知识经济和网络技术的发展提升了财务管理的效能，使财务管理模式、管理手段发生重大转变

随着科技的不断发展，计算机技术也在不断发展，电子信息技术被广泛地运用在各行各业的财务管理中，并在财务管理中发挥着重要的作用。计算机技术的不断发展，促使了信息化时代的到来，推动了财务管理模式、管理手段的创新和发展。从财务管理模式上看，知识经济拓宽了经济活动的空间，改变了经济活动的方式和财务管理模式，财务管理模式正在从过去的局部、分散管理向远程处理和集中式管理转变，经济活动的数字化和网络化日益加强。同时，传统的固定办公室正在转变为互联网上的虚拟办公室，依据互联网的在线办公、远程办公、分散办公和移动办公正在取代现在传统的办公方式，这不仅降低了财务管理的运行成本，更重要的是提高了效率。从财务管理手段上看，互联网技术的应用使得财务管理跨越了时空的限制，实现了财务信息的动态实时处理，全新的运行方式提升了财务管理的效能。

（二）"云财务"带来财务人员角色的转型，增强财务管理在高校战略决策中的作用

高校财务工作烦琐、细致，财务人员疲于应付事务性工作，仿佛生活在真空中，两耳不闻窗外事，埋头于从凭证到会计报表的过程。其实，每一个从事财务工作的人都希望能在工作过程中从幕后走到台前，能彻底解放自己，解放财务的生产力，通过增强对财务数据的分析处理能力为高校的发展发挥更大的作用，而不仅仅是简单地进行原始凭证的审核与输入。云计算技术的使用可以改变传统的业务流程，通过提供标准化的服务，用更加经济、高效的方式实现财务基础业务的运作，可以大大减少原有财务人员的工作量，使财务人员从简单的原始凭证的制单业务中解放出来，加强对财务数据的分析研究，成为有较强综合能力的财务专家，为高校的战略与发展提供有力的支持。

（三）"云财务"管理模式促进了财务流程再造，加强了高校内部的财务协作

在高度发达的云计算上，通过信息流协同，高校内部整个财务可构建良好的一体化流程，各个部门有序合作，合理配置资源，从而实现高校良性的可持续发展。在会计核算上，原始票据的签批、原始数据的录入均可在网上操作，财务人员仅是数据的处理者，且操作不受时间、空间的限制；在预算上，现有的做法是各部门使用自己的预算电子表格，完成之后将其发送给财务部门，由财务人员负责将不同部门的预算电子表格手工合并到一起。在"云财务"模式下，财务部门可以在云端上以网页的形式为各部门建立一个单一的预算文件，各部门输入预算数据后，合并的预算实时生成。在会计报表上，原有的报表格式固定，提供的信息有限，且往往因信息不对称，高校管理层难以实时掌握财务运行情况，不利于重大决策的制定与实施。在"云财务"模式下，灵活的自定义功能，可随时提供所需财务信息，会计报表甚至可按部门生成，不仅为高校管理层，也为部门负责人提供灵活多样的财务信息。

在云时代下，"云财务"管理模式的运用虽然可以解决许多传统财务管理中的问题，但是新机遇势必也会是新挑战，毕竟"云财务"是一个新概念，其推广和应用还需要一个较长的过程，而且还有许多的问题等待着解决与完善。首先，"云财务"是基于云计算技术而建立的财务管理模式，我国目前的云计算建设处于起步阶段，技术尚未完全成熟，且与之相对应的云计算标准及法规有不少空白，因此无法提供明确的云计算数据安全指导方针与要求。其次，财务信息的安全是财务工作的重中之重。在"云财务"模式下，所有信息储存在云，程序应用在云，如何保障云上高校财务信息的安全，是影响"云财务"管理模式在高校中大规模使用最重要的因素。最后，对新生事物的接受程度也影响了"云财务"管理模式的推广与使用。基于云计算的"云财务"管理模式可以说是高校财务信息化的一次重大变革，财务的运作与管理过程发生了翻天覆地的改变。高校财务人员应主动学习在思想上保持创新的思维模式，在行动上时刻关注云计算的最新知识以迎接高校财务云时代的到来。

"云财务"管理模式是高校财务管理在云时代下的新模式，是传统的财务管理在新的网络环境下的发展和完善。在云时代下云计算的出现及应用，使高校财务管理进入了一个新阶段，虽然技术上不够成熟，但是任何事物的发展都需要一个循序渐进，不断摸索、完善的过程。随着市场的成熟，相关法律、法规的建立健全以及相关标准的出台，将会有越来越多的高校在观念上接受这种新模式，主动运用新模式来提高高校财务的工作效率和管理水平。

第二节　云计算背景下的高校财务信息化

在互联网时代，高校财务信息化建设问题逐渐成为高校管理中不可忽视的部分，该工作的开展逐渐与新兴技术相结合。基于此，本节对云计算背景下的高校财务信息化进行了探讨，分析了高校财务信息化建设的现状，并对其中出现的问题进行了论述。同时，本节还阐述了如何在云计算背景下实现高校财务信息化。

目前，我国对高校教育的财政投入不断增多，高校发展速度极快。随之而来的是，我国高校财务建设工作面临力度不高、基础工作准备不完善等问题，这些都使高校财务工作开展举步维艰。所以，高校应加强财务信息化建设，并在其中融入云计算技术，使其得到更为长远的发展。

一、高校财务信息化的云计算背景

云计算技术是互联网时代引人关注的新兴技术之一。云计算技术的应用脱离不了计算机和互联网，在使用中借助于大量的云端数据资源进行计算。美国国家标准与技术研究院曾对云计算的定义做出阐述——云计算是一种按照使用量付费的模式；云计算可以提供有效的网络访问，并且能进入计算资源共享池。所以，相关计算资源可以迅速提取。而在此过程中，并不需要过多地投入管理工作，服务运营商也无须提供大量交互。

当前，大多数高校的财务信息化程度不高，这为高校财务管理工作的开展带来了一定的不便。同时，由于我国高校财务信息化建设起步晚，所以相关的法律法规、技术标准以及安全保障都稍显稚嫩，而其中的云计算技术融入也较为稀少。目前，基于云计算的高校财务信息化发展的理论知识和实践经验都比较匮乏。因此，在云计算背景下的高校财务信息化还有待进一步进行研究。

二、高校财务信息化的需求和问题

1. 高校财务信息化的需求

实现高校财务信息化是推进高校财务工作开展的必要环节。但是，高校并不同于一般营利性企业。作为教育机构，高校的财务信息化建设需求与企业有所区别，但其工作开展过程仍应该与国家的相关规定相符。

（1）高校财务信息化应满足其资产管理的需求。在高校中，学院林立且组织部门相互独立。高校资产的使用者、管理者以及财务部门也处于相互独立的状态。因此，高校需要通过财务信息化建设实现统一化的资产管理，构建完善的财务信息管理系统。

（2）高校财务信息化应满足个性化需求。高校与企业的财务管理差异性较大，其财务系统设置与财务核算流程也不尽相同。而且，高校的信息系统和财务系统在寒暑假时处于闲置状态。其财务收支虽然也受政府财政的监督管理，但仍具有一定的自主性。所以，高校的财务信息化建设对个性化定制的要求较高。

（3）高校财务信息化应满足使用需求。年终时，高校需要递送的财务报表种类多达几十种，相关工作人员承受了很大的工作压力。推进高校财务信息化建设的根本目的在于减轻财务人员负担，提高财务工作效率。所以，高校的财务信息化需要具有实用性，以满足高校财务工作的具体需求，达到提高工作质量和效率的目的。

2. 高校财务信息化的问题

对于高校财务信息化中的问题，我国大多数高校的财务信息化建设工作已经取得了初步成效。但是，高校的财务信息化水平还是无法满足高校财务工作的需求。经过综合分析，我们发现在当前高校的财务信息化建设中，普遍存在以下问题。

（1）高校的财务信息化建设标准不统一。顾熠在《高等学校会计信息化建设研究》一文中表示：“我国高校财务信息化建设已经实现了会计电算化，但是还难以实现信息化系统的整合。”国内各大高校彼此独立，其财务管理系统也大多由本校自主构建。不仅如此，即便是同一所高校，各学院以及组织部门所用的财务管理软件也存在差异。因此，无论是高校内部还是高校之间，并没有使用统一的财务信息数据端口，应用软件的服务标准也不统一。如果财务信息的传收双方所使用的财务管理软件不同，被传输的财务信息就可能因数据传输规则不匹配而出现无法使用的情况。这样会为信息共享以及信息应用造成阻碍，进而影响财务工作的质量和效率。

（2）高校信息设备老旧。为了实现财务信息化建设，高校必须配置相关的信息化基础设施。在欧阳玲的《高等学校财务管理信息化的现实思考》中提及“我国高校财务信息化面临着软硬件选择应用不合理问题”，在高校财务信息化系统中，主要以 C/S、B/S 架构和多层级应用系统作为开发模式。该系统必须设置多台服务器，这样才能完成财务数据库的加载工作，并支撑财务系统操作软件和中间层软件的运行。同时，财务信息化系统的保密性要求极高。为了防止财务信息数据外泄，需要在硬件上配置防火墙、数据备份系统、杀毒软件等设备。但在许多高校中，信息设备老化问题严重且更换维修频率不高。

（3）高校的重视程度不高。财务信息化建设虽然是时代发展的必然，但仍有许多高校并未意识到其重要性，并在工作开展中略显敷衍。就目前而言，我国的高校评估标准仍以科研和教学指标为主，财务工作并不能引起大众的关注。Bhayat 在 *A decision support model and tool to assist financial decision-making in universities* 中发现，“高校对非金钱可衡量的收益更为看重，相比于财务管理更注重教学研究”。而且，高校的财务管理理念还停留在传统层面，以至于财务信息化建设速度迟迟难以得到提升。

三、云计算背景下的高校财务信息化建设

（一）高校财务信息化建设所面临的挑战

在财务信息化建设中，引入云计算固然符合其工作发展需求，也能顺应未来发展趋势。但是，基于云计算的高校财务信息化在其发展道路上也将面临挑战。其主要表现在以下三个方面。

（1）财务系统的安全问题。财务数据的安全有效性是保障财务工作顺利开展的基础。在云计算背景下开展的财务信息化工作需要将核心财务数据储存在云服务器上面。即便云服务商为其服务器配置了最为先进牢固的安全防御系统，并由专业的安全维护人员盯梢，但储存数据的安全性仍然无法得到全面保障。一旦出现数据泄露，势必会对高校财务工作开展造成重创。

（2）财务工作开展的观念问题。云计算技术的介入会使得财务系统得到进一步优化，而财务工作流程也将会发生极大改变。但是，高校财务人员受到旧有观念以及个人能力的限制，并不能完全适应这种变化，会阻碍工作开展。

（3）财务工作的数据转移问题。这是基于云计算的财务信息建设工作难题之一。这并不是单纯的数据复制，在移植过程中，很可能出现人为篡改或因数据接口转换而出现读取失误。对于高校而言，将财务信息转移到云计算财务系统之中将耗费大量的人力、物力，所需要的工作量和工作时间都极为庞大。

（二）云计算背景下的高校财务信息化模式

身处大数据时代，云计算的应用对于工作信息捕捉利用以及工作效率提升都具有极大帮助。基于此，高校所开展的财务信息化系统建设应该与云计算实现深度融合。一方面，高校的财务信息化系统应该具有其独特性，体现其个性化信息服务优势并实现合理的成本管控；另一方面，则需要财务数据信息平台，实现高校事务管理与财务核算的有机结合。

1. IaaS 模式

IaaS 模式意味着基础设施即服务，是一种非常典型的云计算服务模式。在这种模式下，消费者可借助互联网从完善的计算机基础设施中获得服务。基于互联网的储存和数据库是 IaaS 的一部分，通常来说，这种模式有三种用法，分为公有云、私有云以及混合云。在应用时，云计算服务商提供给消费者的可利用计算基础设施包括路由器、CPU 以及储存设备等。云服务的提供商会对相关资源进行部署，并为用户提供统一的数据端口以便于使用。可以说，在 IaaS 模式下，云服务提供商就是通过提供网络资源以及基础设备来满足高校的财务工作需求。所以，应用此模式的用户并不需要为基础设施的部署以及维护问题而担忧，也不需要费心于财务数据的转化和传递，只要专注

于财务处理本身即可。

IaaS 拥有自己的计费方式。它通常以资费量来计费，应用该模式所需要的网络带宽与服务器数量都属于其计费范围。其资费还包括储存空间大小以及租赁市场等资费。在统计该模式所耗费用时，应该对各项资费进行综合计算。如果高校选择了 IaaS 模式，那么该高校就会以接收可量化的基础设施资源的方式与云服务商达成合作。在这样的合作背景之下，高校开展财务信息化建设工作时所投入的成本将明显缩小。其不仅不需要支付昂贵的信息设备采购和维护费用，更不需要在此方面投入过多的人力成本，只需要根据自身实际需求，向服务商租赁相关资源，就可以顺利开展工作。如此一来，财务信息化建设的发展成本将有效降低。

2. PaaS 模式

PaaS 模式意味着平台即服务，也是 Internet 服务类型之一。应用这种模式需要搭建一个信息服务平台，而用户可以基于此平台自主完成定制软件的开发。换言之，PaaS 模式为消费者提供的服务是基于软件开发方面的。当用户在服务商所搭建的信息服务平台上进行了语言或工具开发后，这些程序将被部署在供应商的云计算基础设施上。在这种情况下，用户所需要的平台、技术辅助以及编程规则等都由服务商提供，而用户只需要根据自身需求进行搭配即可。

PaaS 模式收费并不固定，会根据其语体的使用情况上下浮动。其收费系统涵盖内容较为广泛，从构建平台所需要的基础设施数量投入成本，到平台功能模块费用，以及用户数量都包含在 PaaS 模式的收费标准之中。这种模式具有极为鲜明的特点，即可以最大限度地让客户实现自主定制，满足他们的个性化需求。对于高校财务信息化工作开展而言，个性化定制是其必要需求。所以，PaaS 模式极为适用，与高校财务信息化建设的发展需求相契合。那么，如果高校选择这种模式开展工作，则需要组建相应的人才队伍，打造一支专业性和灵活性都极高的团队。为开发此类型财务信息化系统，高校需要筛选财务人员、计算机软硬件专家以及学校的业务管理负责人，并让他们实现通力合作。只有这样才能既保证该系统的专业性，又保证该系统的适应性，满足高校的个性化软件定制需求。

3. SaaS 模式

SaaS 模式意味着软件即服务。也就是说，在此模式下，运营商是通过运行云计算基础设施之上的应用程序为用户提供服务的。用户可以借助电子设备来访问应用程序客户端。如此一来，客户只需要根据自己的实际需求挑选合适的软件并进行租用，就可以满足自身的工作需要。如果高校选择这种模式，那么就不需要承担程序的开发成本，也不需要负担软件的运行成本，更无须操心其后期维护，这样财务信息化工作开展的人力、物力成本会大幅下降。对于一些财力不丰的院校来说，这种模式的性价比极高，是其开展财务信息化建设的首选模式。此外，在这种模式下，软件厂商所提供的服务不仅是基于软件的联网应用方面，更涵盖了离线操作以及本地数据储存服务。高校可以随时使用订购软件，并借助于服务商提供的服务高效地完成本校的财务管理工作。

SaaS 模式的经费标准弹性较高。服务商会根据高校选定的软件类型以及其设计应用情况进行判断。其中，不仅包括应用软件的许可证费用，还包括应用软件的技术支持和日常维护费用。在缴费时，通常根据用户的实际需求进行综合测算，然后以月为单位收取月度租用费。

综上所述，以云计算背景为高校财务信息化的建设启用了新的发展路径。在工作开展的过程中，相关工作人员应该积极引入云计算技术，并基于高校财务信息化需求的现状和问题，对财务信息化建设的工作开展模式进行分析，并建立起基于云计算的高效财务信息化应用模式。

第三节　基于大数据结合云计算的高校预算管理

随着科学技术的不断发展，大数据、云计算等信息技术的不断涌入，使日常生产生活逐步向信息化靠拢。在大数据与云计算的背景下，给高校的预算管理工作带来了新挑战。这需要高校财务管理部门改变传统的管理理念，以全新的态度对待高校财务管理工作。本节基于大数据结合云计算背景下，分析目前我国高校财务管理工作的实际情况，明确高校财务管理工作的意义，在信息化背景下为高校财务管理工作提出相关的建议，提高高校财务管理工作的质量和效率。

一、基于大数据结合云计算背景下，高校财务管理工作的意义

传统的财务管理系统在面对大容量的财务信息以及大面积的数据时，统计起来非常的麻烦、复杂，而在大数据＋云计算背景下，对于复杂的财务信息数据能进行系统简单的处理分析，使数据处理结果更加准确。在此背景下，财务工作者的压力相对降低，财务系统流程更加完善、具体，财务管理工作能够有效地开展，避免了一系列问题的出现。这样能够促进高校财务管理工作满足信息化时代的发展需要，能够更好地提高高校财务管理水平，提高财务工作的效率和质量，加快数字化校园的建设。

首先，我国高校在财务信息的保存过程中存在一定的特殊性和局限性，这就是高校在进行财务信息管理时会遭到一定的阻碍。财务信息管理系统不同于其他部门的信息管理系统，它们之间没有紧密的联系，都是独立存在的。各部门都是在独立的情况下进行信息管理工作，这就使高校财务管理工作受到严重的影响，无法第一时间获得有效的财务信息。

其次，在财务信息管理过程中，财务工作者需要根据相关凭证以及支付凭条，将信息输送到财务信息系统中，这样就会加大财务工作者的任务量，也会降低财务工作者的工作效率，尤其是在这中间存在着时差问题。高校财务管理工作非常的复杂，需要财务工作者投入大量的时间和精力进行财务的整理、核算，并且还要做好相应的报表。因此，导致财务工作没有时间去改革创新，加之财务管理系统独立于其他部门系统，使财务管理水平得不到有效的提升。长时间的工作状态，严重阻碍了财务工作者的创新意识，管理方法的创新意识比较薄弱。基于大数据结合云计算的背景下，能够促进高校各个部门信息有效交流，但是传统模式下的高校财务管理工作现状很难满足。

最后，高校财务管理工作流程非常的复杂，涉及的范围也比较广。例如，财务管理需要负责收费、核算、结算以及预算等相关工作，但是在高校财务管理中并没有将这些工作形成有效的结合，缺乏统一、规范的管理，从而导致各部门在处理某一问题时出现非常混乱的局面，甚至就某一问题出现重复操作等现象。工作人员不清楚自己的工作职责，严重影响高校财务管理工作的科学性和规范性。除此之外，财务管理工作者的选拔标准不统一，导致财务工作者的专业素质和业务水平参差不齐，这种情况很难满足大数据、云计算背景下的人才需求。

二、基于大数据结合云计算背景下，提高高校财务管理工作的措施

（一）提高财务工作者的业务水平和专业素质

在大数据、云计算时代的背景下，高校财务管理工作人员人才相对短缺，需要高校加强财务管理人才的培养，提高财务工作者的专业素养的培养，使其顺应时代的发展。面对大量的财务数据核算，为了保证财务数据能够真实、正确、有效，就需要高校加强对财务管理人才的培养，建立一支优秀的财务管理队伍。除此之外，还要加强对财务管理工作人员的培训，提高工作人员的思想道德素质、业务水平，强化他们的工作作风，建立一支素质高、业务强、作风正派的财务管理队伍。

（二）基于云计算，构建财务信息处理平台

建立财务信息处理平台，可以对高校的财务信息资料进行收集、整理，并且针对不同的财务信息进行系统的分析归类，做好相应的财务报表，从而有针对性地为高校提供相应的财务预算，使高校在财务处理上更加有科学理论依据，从而提高高校财务管理工作的质量和效率。

（三）财务系统业务管理流程再造

高校应该保证财务系统业务管理流程的有序进行，应该完善传统的财务系统业务

管理流程，实现流程的再次革新，包括对账、结算以及收费等三方面的流程。对于对账流程来讲，通过扫描设备将报账的数据资料以及费用依据直接传输到财务系统中，在财务报账系统到达确认后再将文件传送给相关的领导进行审核、批示。与此同时，报账人要将呈现的原始资料递交给财务工作者进行保管，当得到领导审批后，财务报账系统会再次对提交的资料与原始数据资料进行审核，在确认无误的情况下，才会顺利地到网上支付金额。对于结算流程来讲，就是保障银行与高校之间建立紧密的联系，实现高校在没有现金流的情况下得到有效运转。对于收费流程来讲，在云计算技术的支持下，利用网络资源形成统一的收费路径，这样能够保证资金的有效保管，从而使高校收费能够严格按照标准执行，从而提高高校的自控力，减少在收费过程中出现不必要的麻烦。

总而言之，信息化手段的应用，为高校的财务管理工作带来了巨大的便利，使财务管理工作能够平稳有序地发展，避免了在财务管理过程中总出现的风险、麻烦，提高了高校财务管理工作的质量，加快了数字化校园的发展步伐。因此，高校要想实现数字化发展，就必须与时俱进，勇于创新，加大信息技术等手段在财务管理工作中的应用，实现发展的目标。

第四节　高校云协同智能财务报销模式研究

当前高校财务报销模式存在票据审核难、报销审批难、财务管理弱化等问题。高校可基于云计算技术，构建云协同智能财务报销模式，实现智能报销、在线审批和协同管理，从而优化财务报销工作流程，提高财务报销工作效率，提升财务管理水平。

随着高等教育的发展，高校经费呈来源多元化和支出复杂化的趋势，高校财务报销工作量也随之呈急剧增长态势。同时，由于政府各级部门对经费使用的监管力度不断加强，对高校财务报销精细化管理提出了更高的要求。当前高校财务报销模式已不能满足财务报销工作和财务管理的需要。在信息技术蓬勃发展的环境下，高校应转变财务管理理念，利用信息技术改革财务报销模式。

一、当前高校财务报销模式中存在的问题

传统的高校财务报销采用"窗口式"和"投递式"报销模式。在"窗口式"报销模式下，报销人在财务部门报销窗口排队审核报销票据，经会计制单、复核后，再由出纳转账或现金支付报销款项。"窗口式"报销模式由于须报销人在报销窗口排队办理报销业务，对报销人来说极不方便，给财务人员也造成了极大的工作压力。为缓解报

销压力，部分高校使用"投递式"报销模式，报销人将报销单据放进专用袋投递到财务部门，财务人员在特定时间按顺序进行处理。这种报销模式用报销单据代替报销人排队，仅能解决报销人现场排队的问题。

随着信息技术的发展，目前各高校逐渐使用网上预约财务报销模式，通过"网上预约财务报销系统"在网上预约财务报销。报销人在报销材料初审后，登录网上预约财务报销系统，按照规定填写并提交报销申请，通过网上预约财务报销系统与账务处理系统和支付系统的对接，自动生成记账凭证并自动支付。

网上预约财务报销模式将报销人的线下排队变成网上预约财务报销系统线上排队，在一定程度上方便了报销人。由报销人通过网上预约财务报销系统选择经费项目，填写报销单据、收款人户名和账号等信息，在一定程度上也减轻了财务人员的工作量。但网上预约财务报销模式仍存在很多问题，主要表现在以下几个方面。

（一）应用层

在网上预约模式下，财务报销使用的信息系统主要包括网上预约财务报销系统、账务处理系统和支付系统等环节。这些系统能实现线上排队、生成记账凭证和电子支付，但未能解决报销"票据审核难"和"报销审批难"问题。

1. 票据审核难

报销票据的审核是报销工作的主要环节，也是报销人和财务人员产生冲突的焦点所在。在报销审核时，财务人员不仅要对报销凭证的真实性和合理性做出判断，而且还要对其合规性进行审核，即审核其是否符合政府各级部门及高校自身的相关制度和规定的要求。在当前网上预约财务报销模式下，票据整理和审核工作由报销人和会计人员人工处理，由于各级管理制度规定较多且复杂，报销人很难一次就能完整、正确提供报销材料，须反复修改和补充。在审核时，由于报销人对管理制度、规定不理解甚至误读，极易造成报销人与财务人员的矛盾和冲突。

2．报销审批难

在网上预约财务报销模式下，报销审批在线下进行。由于各级政府对高校资金管理越来越严格，高校纷纷出台各种资金管理办法以规范资金的使用，办法往往要求报销需多个部门"一支笔"审批。如固定资产采购项目资金，从申购到报销需要资产使用部门、资产管理部门、经费管理部门、财务部门等多个部门领导反复审批，如果金额较大，还需分管副校长甚至校长审批。这些领导大多都是科研、教学、管理"一肩挑"，事务繁忙，找他们审批非常困难，报销审批往往会耗费报销人大量的时间。

（二）管理层

在网上预约财务报销模式下，财务人员的职能主要是会计核算职能，是业务发生后对其进行会计核算，而没有在事前和事中对业务进行管控。其原因为：其一，财务系统与其余部门的信息系统不相融合，业务数据和财务数据无法互通和共享，财务人员难以轻易获取业务信息，从而造成业务和财务相分离；其二，信息化手段的不足也使财务人员疲于应付会计核算工作，无法将精力完全投入在财务管理上。

总之，当前网上预约财务报销模式还需进一步优化。随着信息技术的飞速发展，各高校致力于探索通过信息技术手段解决财务报销难题。云计算技术是目前研究的热点和信息技术发展的趋势。基于云计算技术，构建一种智能化、多部门协同工作的财务报销模式，是未来高校财务报销管理的一个重要趋势。

二、云协同智能财务报销模式设计

云协同智能财务报销模式基于云计算技术搭建报销管理云平台，通过智能系统的互联互通，将大量需要人工处理的工作交由信息系统自动智能处理。同时，各部门通过云平台协同进行报销管理，从而构建一种云协同的、智能化的报销模式。

（一）云协同智能财务报销模式技术体系设计

云协同智能财务报销模式技术体系的整体思路是搭建财务报销管理云平台，打通信息孤岛，实现各业务、管理部门的资源共享和协同工作。在云平台上协同完成财务报销的智能审核、电子审批、电子支付、智能推送等工作。为了保证云平台的安全性，在云平台与各终端之间设置防火墙，对云平台的请求访问进行严格的验证过滤。同时，在云平台中设置严格的身份认证机制，对各部门的业务请求进行身份认证，确保访问一致性。

（二）财务报销管理云平台设计

财务报销管理云平台是云协同智能财务报销模式的核心。平台包括业务层、云协同中心、数据共享中心和底层基础设施四部分。

1. 业务层

在业务层，报销工作主要由账务处理系统、智能审核系统、预算管理系统、支付系统等财务系统处理。其他部门管理信息系统，例如，电子审批系统、人事管理系统、科研管理系统、教务管理系统、资产管理系统等负责协助报销业务事件处理并进行协同管理。通过这些信息系统的协同工作，实现财务报销业务的智能审核、在线审批、自动支付和精细化管理。

2. 云协同中心

云协同中心为报销过程的协同处理提供支持。流程管理中心根据财务报销业务类型定义协同工作流对象；消息服务中心为业务管控中心发送业务流转指令，业务管控中心根据指令对业务流转过程进行管控；数据交换中心为业务流转过程提供数据交换服务。通过指令发送、业务流转控制、数据交换，驱动报销业务协同处理。用户管理服务、安全管理服务、访问控制服务、日志监控服务等为协同处理过程提供安全保障。通过云协同中心提供的服务，业务层各管理信息系统能互相对接，协同处理财务报销业务，并协同进行财务管理。

3. 数据共享中心

数据共享中心包括基础数据、业务数据、电子凭证、财税数据等。它不仅可以为整个报销管理过程提供统一的数据源，还可以为高校财务管理决策提供大数据支持。

4. 底层基础设施

底层基础设施包括服务器、存储系统、操作系统等，为整个平台的运行提供基础保障。

通过财务报销管理云平台，报销业务在业务层发起后，由云协同平台的流程管理中心进行流程定义，生成协同工作流对象，并据其定义的处理过程，经过云协同平台的接口依次向各业务系统发起协同处理请求，实现财务报销业务事件处理和精细化管理。

三、高校云协同智能财务报销模式的应用

高校云协同智能财务报销模式将大量的财务报销基础工作由信息系统智能在线处理，实现"智能票据审核"和"在线报销审批"，能够减轻报销工作量。同时，通过各部门协同工作，促使财务融入业务，增强财务人员的管理职能，提高高校财务管理精细化水平。

（一）云协同智能财务报销模式的应用特点

云协同智能财务报销模式不仅能自动生成记账凭证、自动转账支付，还具有智能报销审核、在线报销审批以及智能推送报销状态等功能。云协同智能财务报销模式的应用具有以下特点。

1. 报销凭证影像化

纸质的原始凭证和附件不利于信息系统提取报销凭证信息，在票据流转过程中也容易遗失。云协同智能财务报销模式要求报销人利用扫描仪或其他影像采集设备，采集原始凭证及附件的高清影像信息，并将其上传至云平台。智能审核系统即可通过云平台提取凭证信息进行智能审核，财务人员和审批领导也能通过云平台远程审核和审批。

2. 报销审批无纸化

在云协同智能财务报销模式下，报销人不必持原始凭证和附件到现场等候签名审批，只需登录云平台通过电子审批系统在线审批。它不但能减轻报销人和审批人的工作压力，而且由于在线审批权限的设置，也能降低冒名签字的风险。高校甚至可以建设"财务报销 App"，将财务报销的主要功能移植到移动端，使线上审批和移动审批有

机结合。这样审批人即可在任何时间、任何地点登录App,利用电子签名方式进行审批,从而解决传统方式下因领导外出而导致审批暂时中断的问题,可以缩短审批周期。

3. 报销模式智能化

财务报销模式智能化体现在报销流程的智能化推送、报销审核智能化和智能推送报销状态三个方面。

(1)报销流程的智能化推送。由于报销工作程序较复杂,经验不足的报销人往往无从下手。在云协同报销模式下,不管是提交材料、票据审核、报销审批,还是转账支付,均由信息系统智能处理,或由系统推送给相关责任人,由责任人依据系统提示在云平台上处理。

(2)报销审核智能化。为方便师生报销,一些高校财务部门根据财务报销管理制度和规定制作出《财务报销指南》《财务报销指南》总结出不同报销类型需要的材料、开支标准和审核要点等信息。智能报销系统可把《财务报销指南》信息化,根据不同的报销类型设计相应的审核模块,将大多数标准化、常规性的审核工作交由审核系统智能审核,少数的非常规、非标准化的报销由财务人员人工审核,构建一种以系统智能审核为主,以财务人员人工审核为辅的报销审核模式,从而提高财务报销的自动化、智能化和标准化水平。

(3)智能推送报销状态。财务报销系统处理报销工作时能实时记录报销工作的每一个流程,在报销工作有进展时向报销人推送报销状态,并能在支付成功时向报销人发送提醒信息。报销人也可随时登录综合查询系统查询报销状态。

4. 报销管理云协同

在云协同财务报销模式下,各部门可利用云平台调取相关数据信息,协同处理报销事宜。通过云平台,高校各部门还可协同进行财务管理。如科研经费的预算编制和调整,将科研管理部门的科研管理系统直接对接到综合查询系统和账务处理系统,即可形成预算控制,而无须两个部门重复工作。通过资产管理系统与综合查询系统的对接,报销人可充分利用学校闲置资产,提高资产利用率,减少国有资产浪费等。

除高校内部部门间的协同外,云协同还可以扩展到更大的范围,如票据的查验。目前很多高校都需要报销人进入国家或省市的票据查验网站查验发票的真伪,金额较大的还需要打印出查验结果用作附件。通过智能审核系统和票据查验系统的对接,报销人在提交票据信息时,财务报销系统即能调取票据查验信息,查验通过的即可进行下一步操作,查验不符合的则不能进行下一步操作。

总之,云协同可突破空间限制。数据一次录入便能重复使用,避免了重复劳动,大大减轻了报销人及相关工作人员的工作量,提高了财务报销工作效率。数据的直接对接,报销信息的正确性和及时性也更能得到保证。同时,通过协同管理促使业务与财务融合,提升高校财务管理水平。

（二）云协同智能财务报销模式运作流程

云协同智能财务报销模式充分利用信息技术手段对高校财务报销流程进行整合和优化。

报销人远程登录个人信息，选择报销项目后，即可根据系统提示上传报销所需原始凭证和附件的图像资料。资料经系统智能审核及财务人员通过云平台线上审核后，自动推送给相关责任人在线审批。审批后，智能审核系统自动生成报销凭单，账务处理系统自动生成记账凭证。报销人将相关原始凭证和附件、报销凭单等材料交予财务人员，由财务人员对系统自动生成的记账凭证进行确认，经出纳复核后自动转账支付。在支付成功后报销人将收到系统提醒，同时报销人也可登录云平台随时查询报销信息。下面以差旅费、低值易耗品和固定资产类三种不同业务形式为例，对云协同智能财务报销模式的报销流程进行说明。

1. 差旅费报销

在云协同智能财务报销模式下，报销人输入职工号和密码等个人信息登录智能财务报销系统，选择经费项目，进入差旅费报销模块。根据提示扫描车票和住宿费发票等材料，智能审核系统自动提取出差时间、地点及交通、住宿金额等信息。同时，根据从人事部门的人事管理系统中调取的出差人出差审批信息和职称、职务信息，智能核算出允许报销的城市间交通费、住宿费金额及伙食补助、市内交通补助等补助金额。审核完成后，相关责任人可以在电子审批系统中在线审批。随后账务处理系统自动生成记账凭证，智能审核系统生成报销凭单。报销人将纸质交通、住宿发票等报销材料和报销凭单交给财务部门，会计审核、出纳复核并自动支付。整个报销流程同步推送到综合查询系统，供报销人查询。

2. 低值易耗品类报销

在当前网上预约财务报销模式下，低值易耗品类在报销时，需先到资产管理部门办理低值易耗品入库手续，再凭发票和入库单等凭证报销。在实际报销工作中，很多报销人并不清楚购买的商品是否需要入库，他们往往到财务部门审核时才被财务人员告知需要到资产管理部门办理入库手续。通过云协同智能财务报销模式，当报销人登录智能财务报销系统，扫描发票信息后，智能财务报销系统会自动将其推送到资产管理系统进行入库登记，再通过资产管理系统与财务系统的对接，生成记账凭证并转账支付。

3. 固定资产类报销

在固定资产采购前，报销人、管理人员可通过云平台查询学校固定资产闲置情况，判断资产采购的必要性。对确有采购必要的资产，在资产管理系统中提交采购申请，经由相关责任人在线审批后进行采购。在固定资产报销时，通过资产管理系统与账务处理系统的对接，自动生成记账凭证并自动支付，无须报销人重复提交材料，重复审批，同时还能保证固定资产账账相符。

除此以外，其他类型的报销，如讲座费、实验材料费等，均可登录智能财务报销系统，由智能财务报销系统相关审核子模块智能审核，并由相关部门协同审核和审批，实现报销审核智能化和标准化，减少和防范矛盾及人为操作错误等风险，提高报销工作效率，提升财务管理水平。

四、云协同智能财务报销模式应用中应注意的问题

云协同智能财务报销模式的基础是信息技术，由于网络安全等原因，在应用中应该注意以下问题。

（一）财务报销管理云平台的安全性

财务数据是高校的重要数据，财务数据的丢失、泄露甚至被恶意篡改会给高校造成巨大的经济损失，因此高校必须重视财务报销系统的安全性建设。搭建财务报销管理云平台时，要严格审查用户的身份认证和权限管理，避免认证入口被非法入侵。考虑到财务数据的保密性，还应将财务数据加密保存，通过客户端加密数据，再将数据存储到云中。此外，还必须加强广大教职工的网络安全培训，提高教职工的网络安全意识，在日常使用时保管好账户信息，使用防火墙和定期清查病毒，保障云数据的安全。

（二）财务报销系统的非标准化

由于各省市甚至高校都有不同的财务管理制度及规定，各高校财务报销的票据审核及审批手续大相径庭，没有可以直接拿来使用的标准化的产品。财务报销系统的构建需要高校结合本单位的内部控制程序和业务流程去开发适合自己的财务报销系统，并根据财务报销制度的变化及时更新系统。

（三）系统的协同工作

目前高校各个职能部门都采用各自的管理信息系统。这些系统相互独立，互不兼容，彼此之间缺少关联，容易形成信息孤岛。而基于云协同的高校智能化网上财务报销体系需要在报销工作时顺利调取高校各部门，甚至国家、省市行政部门等的信息，其构建需要高校部门层面的协同，甚至还需要国家、省市层面的协同。

随着信息技术的发展，云计算技术在高校财务管理的普及应用已经是大势所趋。通过搭建财务报销管理云平台，构建云协同智能财务报销模式，能够优化财务报销流程，提高财务报销工作效率，促进业务与财务的融合，提升高校财务管理精细化水平。

第五节　云计算背景下的高校财务管理流程再造

随着移动互联网的快速发展，现如今已经进入以"云计算"大数据信息时代，互联网云技术被广泛地应用到我国各行各业的经济发展中。该技术的渗透和助力使我国不断呈现出崭新的经济形态，进一步促进了我国经济高速发展。高校作为经济社会中的一种特殊经济主体，其财务管理流程也应该随着信息技术的发展进行相应的改革和创新。本节通过分析当前高校财务管理流程的现状和存在的问题，结合企业财务业务流程再造理论，分析高校实现财务管理流程再造的具体措施和实施方案，以及对高校财务改革提供的一些参考和帮助。

云计算互联网技术发展使我国进入互联网共享经济发展阶段。2019年，我国政府积极推进和维护建设社会各阶层、各个行业的数字信息平台，大力实现经济共享发展，互联网平台已经逐渐发展成为我国国民生产和生活的重要经济和基础支撑。据中国互联网络信息中心（CNNIC）第44次统计网民规模及互联网普及相关结果显示，截至2019年7月，我国网民人口已达到8.54亿，使得网民普及率达到61.2%，从这些数字我们可以很直观地看到互联网技术与我国国民经济和生活联系的紧密程度。在当今信息环境下，高校财务业务尚处于传统的处理方式阶段，财务管理理念相对落后和财务工作效率相对低下。目前高校财务业务处理亟须跟上时代步伐，引入先进的现代信息处理技术，以帮助高校适应时代发展。

一、当前高校财务管理流程的现状和不足

（一）当前高校财务管理信息相对封闭，尚未实现数据信息高效共享

高校作为一种特殊的经济主体，其财务核算工作与普通企业和政府事业单位部门的财务核算工作区别较大。互联网云技术的发展为普通企业和大型集团公司实现财务共享提供了有力的技术支持，使其获得了高效的财务处理方式和工作效率。目前高校的财务管理信息系统处于封闭发展的阶段，会计信息发展滞后，相关数据的获得效率低下，尚未实现数据信息高效共享，所以创建财务信息共享平台是高校财务管理流程再造的发展方向。

（二）高校财务部门信息处理缺乏规范有效性，各部门信息传递不通畅

高校财务部门会计核算工作通常涉及账务处理系统、固定资产管理系统、工资管理系统、学生收费管理系统、后勤管理系统等，涉及多个部门数据信息的交流和传递，现有的财务信息管理系统仅有财务部门的数据核算，财务报销和审核制度不透明，涉

及的教师课时统计和考勤统计、差旅费报销、经费申报等工作信息传递不通畅，都会导致财务部门信息处理缺乏规范有效性，工作效率低下。

（三）未能充分利用当前互联网技术，财务信息管理水平低下

一般来说，高校财务核算主要包括会计核算科、经费预算科、财务结算科、财务综合科和后勤核算科等。高校财务部门财务核算工作内容分配不够明晰，各部门相互独立，缺乏有效沟通，同一项数据信息不同部门重复处理，缺乏统一的数据处理标准，财务信息管理水平低下。

二、云计算技术下的高校财务管理流程再造的若干建议

随着互联网技术的发展，越来越多的高校在逐渐建设成为信息处理快捷高效的数字化校园，移动互联网OA办公系统逐渐进入高校校园办公中，极大地提高了办公效率。高校财务工作系统属于数字化校园信息化管理系统的分支，校园中师生使用的"一卡通"应用、网上银行、扫码等其他移动支付方式，为学校行政办公、教学管理带来了很大的便利，高校财务管理流程需要经过更新改造才能更好地融入数字化校园综合管理系统中。因此高校传统财务会计工作流程面临挑战，高校财务管理流程进行专业改造成为一种必然的发展趋势。本节结合高校财务管理流程的现状和存在的不足，借鉴企业财务管理流程的先进经验，提出以下关于高校财务管理流程再造的一些建议，以期对高校财务管理流程的改革有一定的参考。

（一）建立互联网高效财务管理流程处理平台，实现数据信息高效共享

互联网云技术与高校各项具体业务相融合，将为高校财务管理流程更新改造带来新的发展空间。信息技术的引入将能够实现高校内部各个职能部门信息处理系统与高校财务信息系统的有机融合和统一，实现信息的实时同步共享。这就需要建立一个现代化数字校园信息中心，利用互联网技术优势，建立一个统一数据标准的高校综合管理信息平台，利用该平台为高校财务管理信息系统提供基础业务数据。学校还可以创建一些自主服务平台以便各项基础数据的录入，在互联网技术的支持下，对"大数据"进行财务分析，并将数据及时传递到相关查询系统，为信息使用者提供高效便捷的服务，实现数据信息的高效共享。

（二）优化财务部门组织结构，促进不同部门间信息的高效传递

在互联网云技术的支持下，建立现代化高校财务信息管理系统，可以实现财务业务流程与职能部门业务流程的融合和统一、业务流程的自动化处理。当前大多数高效财务部门主要分设业务预算、会计核算和综合管理三个业务职能，人事部门、教学单位、教务部门和行政部门的一些基础业务存在基础数据重复处理的情况。财务部门应该进

行扁平化结构调整，有助于信息化管理模式从垂直式处理模式向网络交互式方向发展，不同部门之间的业务数据实现实时共享，促进不同部门之间信息的高效传递。

（三）充分利用互联网技术，提升专业人员技术水平，优化财务管理流程

互联网云技术在当今经济生活中已经渗透到各行各业。高校财务管理信息流程的改造不仅需要硬件方面的更新，更重要的是需要提升财务人员的专业技术水平，在新的财务管理信息管理平台上，要充分发挥现有财务信息系统的功能和作用，进一步优化财务管理流程。在信息化技术背景下，财务管理职能已从传统的财务会计核算职能向管理会计职能转变，高校财务人员应该加强专业培训，培养高素质管理会计人才，发挥管理会计在单位加强预算绩效管理和经济决策分析、评价管理效益等方面的积极作用，以适应互联网技术对财务工作领域带来的挑战。

高校财务管理流程的更新改造是一个系统性的过程，在实际的管理工作中能否得到有效的运行，会受到多方面因素的影响，如高校内部包含教学、行政、教务和后勤等多个部门的协调配合程度，以及财务部门会计专业人才的专业技能、业务能力和综合职业素质等。要达到理想的运行效果，需要学校领导多个方面的统筹分配和调度，还需要加强财务人员业务技能、预算管理、采购管理、信息技术等多方面的专业技能培训。高校财务管理流程的改造不是一蹴而就的，也不是一劳永逸的，在财务管理流程运行过程中，要不断地进行更新和调整，财务管理流程更新改造的最终目标是满足高校通过计划、组织、执行、控制、反馈和业务综合一体化的管理过程，使得高校资源得到最优配置和利用，发挥高校资源效用最大化。

第六节　云计算环境下高校财务共享服务机制构建

在云计算环境下，高校财务共享服务机制应该全面构建，只有这样才能综合性地提升高校财务管理的水平，才能优化高校经济活动的质量。随着移动互联网、云计算、大数据等信息技术的发展，高校经济规模不断扩大，且面临的经济环境也日益复杂，高校财务信息化建设面临新的抉择。在云计算环境下，高校财务共享服务机制的构建，将在很大程度上改变高校会计管理模式，综合性地提升高校的财务管理水平。

伴随着信息技术的全面发展，会计环境发生了巨大的转变。在高校财务管理中，传统的人工管理模式已被信息管理所取代，部分高校在财务管理中实现了自助化、智能化，实现了财务控制、财务分析、多校区财务系统联网、财务信息综合查询、网上报销等财务信息化功能。在云计算环境下，高校财务共享服务机制的构建，能够在极大程度上解决现阶段高校财务管理中凸显的问题，能够从根源上解决高校财务管理的

漏洞，同时还能够在很大程度上提升高校财务管理的整体水平，保障高校经济活动的综合效益。

一、高校财务共享服务机制构建体系

在信息技术环境下，高校财务管理模式亟须创新和变革。科学的财务管理模式，能够全面提升财务管理的水平，能够综合优化财务管理的效率，同时还能够释放高校财务活力，优化财务生产力。

（一）高校财务共享服务框架图

信息技术的快速发展，在一定程度上改变着高校财务管理的模式，同时也给高校财务管理信息化带来了新的挑战。如何保障高校财务管理的安全与高效，是摆在人们面前的首要问题。基于此，在高校财务共享服务机制的构建过程中，需要率先确定其服务框架图。第一，财务共享服务模式网络拓扑图。高校财务管理是一项系统化的工程，涉及方方面面的信息。如何做好财务管理工作，优化财务管理模式，需要率先搭建网络拓扑结构，并全面保障网络传输的高效与安全。基于防火墙等技术，加强信息安全管理。第二，高校财务共享服务模式结构图。高校财务管理工作不是独立且单一的工作，而是涉及多方面的内容。因此，依托于互联网技术，积极搭载快速安全、高效便捷的财务管理平台，实现校内财务管理的信息化。

（二）高校财务共享服务体系建设和运行流程

在云计算环境下，高校财务共享服务机制的构建离不开完善的服务体系的支撑，更需要系统科学的运行流程，只有这样才能综合性地提升高校财务共享服务的水准。第一，高校财务共享服务体系的建设流程。在实际构建过程中，需要主管部门进行统一部署和全面规划，以便综合性地提升财务共享的整体效率。主管部门基于统一安排，全面构建共享平台后，按照实际的需求量和监管侧重点，向使用该共享平台的高校发放权限和资源。高校作为共享平台的具体使用者，理应全面接受主管部门的要求，并积极主动地将学校内部网络与共享平台融合起来，充分发挥共享平台的效用。第二，业务开展流程。在业务实际开展过程中，高校财务共享服务体系的构建需要依托于完善系统的业务流程，以便充分发挥共享平台快速传输、高效共享、数据统一等功能。高校作为共享平台的直接使用者，理应提取高校财务管理中的丰富多元的信息，依托于学校内部网络，向共享平台进行快速传输。例如，高校将学生、科研、资产等原始基础数据进行统一加工和综合后，将其上传至共享平台。但需要注意的是，为了保护信息数据的安全，规避可能发生的信息数据泄露、失窃、被破坏等问题，高校在进行信息数据传递的过程中，应该采用专线传输，并做好纸质资料的电子化，实现重要凭证的双向管理。

二、云计算环境下高校财务共享服务机制构建的积极意义

在云计算环境下，高校财务共享服务机制的构建具有非常重要的现实意义，能够全面提升高校财务管理的水平，能够优化高校经济活动的效益，能够全面推动高校财务管理的信息化，综合性地提升高校财务管理的效益。首先，高校财务管理信息化的成本得以降低。依托于共享平台，由主管部门来负责核心设备的建设与管理，高校作为使用者，既是接受监管的一方，也是"搭顺风车"的一方。依托主管部门统一部署并建设打造的信息平台，高校财务管理的水平得到了全面优化，设备采购费用也得以降低。其次，高校财务管理工作实现科学化和流程化。在高校财务管理实践中，基于共享平台的建设，高校财务管理工作得到了全面的优化，高校财务管理工作得以稳步进行。作为被监管的一方，高校财务管理工作需要按照既定的流程和协议，科学有序地进行。最后，实现经费监管的云端化。在共享平台的促进下，高校经费管理工作更加科学、透明。同时，高校在经费申报、报销等过程中，需要在共享平台上进行，这利于监管部门进行追踪管理，也利于监管部门的整体协调。此外，依托于信息技术，高校财务管理的各类数据得以信息化，这可以为高校未来的经济决策提供充分的依据。

在云计算环境下，构建高校财务共享服务机制，需要基于完善的服务框架及业务流程的构建，只有这样才能够全面提升高校财务管理的水平，能够优化高校财务管理的效率，同时还能够推动高校的健康可持续发展。

第七节　基于云计算的高校财务绩效动态评价模式研究

随着国家对高等院校教育体制改革的不断推进，教育质量得到了不断的提高，高等院校的投资规模不断扩大，经费也越来越多。因此，财务管理在高校中的地位也逐渐提高，教学资金投入和经济活动的多样化，需要高校建立一个客观、系统、规范、有效的评价体系，科学地评价高校教育资源的使用状况和收益状况。如何更好地有效配置高校资源，这就要求学校重视财务绩效评价的工作，对自身的财务状况和运营情况有深入的了解和掌握。因此，高校需要构建一套合理、完整、严密、动态的绩效评价体系，运用现代最科学的方法和管理手段对财务状况进行分析和管理。

一、云计算与高校财务绩效评价的理论基础

美国国家标准与技术研究院（NIST）对云计算的定义："所谓云计算，是通过一种允许用户使用可靠便捷的、到处都能获得的、按照用户需求来获得的网络来接入一个

涵盖了网络设备、服务器、存储、应用等的可动态配置的计算机资源共享池（其中包括了网络设备、服务器、存储、应用以及业务），并且以最小的管理代价或者业务提供者交互复杂度即可实现这些可配置计算资源的快速发放与发布。"云计算作为新一代计算模式的发展方向，不但能提供便捷快速的弹性伸缩服务，还能降低资源使用成本，进行大规模数据处理、挖掘工作。随着云计算信息技术的高速发展，大数据、物联网、XBRL 等新兴技术逐步扩大应用，给高校财务信息化工作带来了机遇，也为高校财务绩效评价赋予了创新的技术。

财务绩效评价是会计主体以各类财务指标为前提，对本单位的财务状况、经营成果进行整体的科学考量和解析，并将评价分析得出的结论和计划进行比较，以此作为衡量经营现状优劣的评判标准，对财务状况和经营方向的未来发展能起到一定的预测效果。高校财务绩效评价建立在经济学、财务管理学的理论基础之上。结合高校的实际财务状况，运用规范、科学的方法，按照绩效的评价标准来反映高校教育资金的投入使用效率、产出效益和社会效果，是对高校财务管理活动的过程和结果系统、客观、公正的衡量、比较和综合的评价。然而，要做好高校的财务绩效评价工作，除兼顾科学性、可比性、标准化地选取可操作性评价指标外，还需要动态跟踪、及时地获取评价信息来完善高校财务绩效评价体系，才能使高校和经营环境、社会经济协调发展。

二、高校财务绩效评价体系的现状

在我国，高校财务绩效评价还处于发展阶段。很多高校都非常重视财务管理，但却较少注重绩效管理，认为绩效评价只是对财务管理的事后总结与评估，没有正确地认识其在管理过程中的引导、分析和预测、决策功能。一直以来，很多高校财务绩效评价重视资金投入却不重视效益，重视资源分配却忽略了评价监督，造成了高校在日常的运转中出现了教育资源配置不合理和有效利用率低、教育支出不均衡等一系列的问题。

高校财务绩效评价中仍然存在以下一些问题：①评价对象不清晰，目标不明确。在高校财务绩效评价中，高等教育的投入、产出与效益等是高校财务绩效评价的主要内容。很多高校绩效评价没有明确要以战略目标为核心并为之服务的绩效目标，因而没有树立评价的方向，在评价对象上含混不清，设计笼统，没有细化评价客体，所以造成了评价效率较低，得不到真实客观的评价结果。②财务绩效评价体系不完善。财务绩效评价体系是由评价机制、评价指标、评价标准、评价方法四个部分组成的。大多高校的财务绩效评价制度、激励机制等还未健全，缺少综合性、规范性和科学性，没有起到绩效管理的推动作用。绩效评价指标不能充分合理地全面体现财务管理水平，也没有考虑到一些非财务指标要素。没有兼顾到定性指标与定量指标相结合，指标口径不统一，评价标准不统一，在绩效评价过程中无法执行数据对接，并且评价方法不恰当，没有兼顾实操性与计量的规范性。③缺乏有效的财务绩效评价监督机制。部分高校进行财务绩效评价时忽略了监督机制的建设，从而无法形成一个良好的制度环境和组织环境。也正因为缺乏一个系统的管理监控体系，财务管理制度和监督机制的不健全，容易在财务绩效评价过程中出现较大的漏洞。脱离了绩效管理核心，内部监督控制也无法满足自身的实际需求，不利于及时反馈和纠正评价结果，对财务绩效水平的提升也有所影响。因此，需要建立一套完善的财务绩效评价体系，才能对高校绩效评价进行全面的管理。

三、云计算对高校财务绩效管理的影响

（一）促进了高校财务绩效管理的标准化

目前，许多高校均建立了校园局域网，同时引进了各种部门管理系统，如教务处的教学管理系统、人事处的人事信息管理系统、资产处的固定资产管理系统，各自独立，没有统一的数据标准，信息之间无法沟通交换，造成管理信息不对称，无法共享数据，资源浪费，信息孤岛般存在使得高校财务信息化建设遇到重重障碍，高校财务绩效管理也无法准确衡量。在高校云计算中，不同部门的业务系统可以共用一个大的资源池，资源池容量可以适时调整，还可以对资源进行实时的合理分配，提高资源利用率，实现绿色计算。因此，云计算可以通过高校财务信息门户系统集成整合，挖掘获取潜在的有用数据。由于信息使用的部门及人员是动态变化的，所以这一切通过"云"实现，对标准化的数据进行统一灵活运用，既降低了管理部门协同的复杂度，又促进了财务绩效数据的标准化进程。

（二）降低了高校财务绩效管理的成本

虽然大部分高校都进行财务信息化的改革，摒弃了手工会计，但从会计电算化发展到今天，各高校都通过局域网，配备服务器、交换机、工作站等设施，自行开发高校财务软件或选择外购专业财务软件进行财务管理，使得维护运行、更新改造费用开支不少，大大增加了财务信息化管理的成本。云计算运营商将提供几十万台的服务器，为云计算提供强大的支撑平台，足以适应高校业务量的增长和工作需要，同时可以减轻经济负担和降低经济风险。通过 SaaS（软件即服务）模式或 PaaS（平台即服务）模式租用其平台或云，可减少重复购置成本，缩减开发运行周期，减少运行费用，节约人力成本和管理成本，降低高校财务绩效管理的资金成本和时间成本。

（三）加速了高校财务绩效动态评价模式的转变

目前许多高校财务绩效核算数据主要来源于财务管理系统，而财务核算信息要比

业务信息滞后，导致高校财务绩效评价没有及时客观地体现其财务现状与经济效益。因此也无法准确地反映高校财务管理水平，更不能为高校发展提供快速有效的决策支持方案。而云计算与财务管理信息化的结合，可以把数据传感体系、智能识别体系等新技术融入财务平台，使电子发票、增值税发票、合同等实现原始单据无纸化处理，会计档案电子化存储，教学设备、资产使用状况、校企产业收益等信息流均可以同时获取，能够从云端动态计算评价高校财务绩效水平，与时俱进，从而在不同的绩效周期内仍然可以评价、监督、调整、进行动态有效的资源配置，满足了高校财务管理的需求，推进了高校财务绩效动态评价模式的转变。

四、基于云计算的高校财务绩效动态评价模式建设

基于云计算构建高校绩效评价体系的核心是将高校财务绩效与其战略目标紧密联系，设计一套适合高校的综合财务绩效评价框架，并结合高校特色的财务指标信息和非财务指标信息，构建完整规范的高校财务绩效评价指标体系，利用云计算技术建立一种新型的高校财务绩效动态评价管理模式。

（一）高校财务绩效评价框架设计

高校财务绩效评价框架是由与高校财务绩效评价相关的要素构成的，是结构化数据与非结构化数据相辅相成的有机整体。为更好地开展财务绩效评价工作，提供更优的绩效管理，其意义在于通过相关财务绩效指标评价监测来节约教学投入成本，提高学校资源利用率，实现高校战略目标。而设计最优的高校财务绩效评价框架，是财务绩效评价体系建设的首要工作，是改进财务支持决策，提高高校资源配置服务社会的重要一步。因此，围绕高校财务管理的工作职能和任务，根据预算、资金运营、资源优化配置、综合实力、短期效益及高校远期发展等，高校须以战略为导向，从预算绩效、资源配置、综合绩效、发展潜力四个维度来评价其财务绩效，构成高校财务绩效评价框架，从而指导下一步的高校财务绩效评价指标体系建设。

（二）构建高校财务绩效评价指标体系

在设计完高校财务绩效评价框架后，高校必须根据框架的预算绩效、资源配置、综合绩效、发展潜力四个维度分解绩效评价的目标和建立合理有效的具体指标，并且建立一套相对完整、规范的高校绩效评价的制度和指标计算方法，明确指出绩效评价的对象、内容、分值和权重，从而正确计算其财务绩效评价结果。在构建财务绩效评价体系中，高校要遵循层次性和整体性，长期目标与短期效益相结合，定性指标与定量指标相辅相成，可比性与操作性相协调原则，使得评价指标客观、公正、科学、系统地反映其财务管理现状，满足财务资源有效配置的功能。高校实行的财务绩效评价主要是考核教育资源使用的科学性和规范性，资金的投入和产出比例是否合理，能否

达到预期效果，符合高校的发展。所以，建立一套严谨的高校财务绩效评价体系，不仅可以提高教育经费的使用效率和优化教育资源的合理配置，形成一种以绩效为核心的观念，而且有利于制定出更科学的预算方案，使资金的分配和使用能得到有效的控制，进一步降低成本。因此笔者根据高校财务绩效框架四个维度提出了分层次的三个级别指标，包括三十三个细化指标。

（三）基于云计算的高校财务绩效动态评价模式建设

大数据时代，高校财务管理信息化以会计管理信息系统为基础，以云计算管理为核心，将计算任务分布在大量计算机构成的资源池上，使各种应用系统能按需获取计算力、信息决策资源。基于云计算的高校财务绩效动态评价模式的必要工作是规划重塑标准化的财务绩效管理流程，提高其财务绩效动态评价的处理能力，优化配置高校的人、财、物等各项资源，充分实现财务管理从会计核算型向决策服务型过渡，促进高校管理规范化。基于云计算的高校财务绩效动态评价管理流程设计如下：绩效管理目标制定→业务数据流采集与加工→应用数据指标评价与分析→动态绩效预警与监督。

（1）绩效管理目标制定。高校要进行长效教育机制改革，实现财务管理职能，就必须要发挥高校绩效评价的导向作用，制定适当合理的绩效管理目标，实现绩效管理流程的全程掌控，提高财务绩效评价的效率，逐步形成以绩效为导向的资源分配方式，优化教学投入产出比率。绩效管理目标制定通过先进的云计算管理模式，利用虚拟化技术将各种内外部数据整合到一起，根据高校的战略目标评估分析、确定当前高校的绩效管理目标，进而科学、合理地完善各指标体系的执行目标，为高校财务绩效评价提供充分的依据，使得高校各部门紧密围绕绩效目标展开工作，大大提高学校管理效能。

（2）业务数据流采集与加工。高校可以通过云计算 SaaS 或 PaaS 模式扩大财务信息的采集与储存，对高校财务系统、资产管理系统、教务管理系统等相关业务部门信息进行加工，做到财务信息与非财务信息相结合、内部信息与外部信息相结合，将各种业务数据流进行融合与关联分析，实现数出一门，统一口径，资源共享，拓宽价值流、业务流的路径，为高校财务绩效的实时评价提供基础结构化数据。这种以云计算服务模式为依托，以财务管理资源为核心，利用专业的系统模块，能够实现跨平台免安装。突破个体界限，整合高校资源，建立完善公共数据平台，克服了绩效评价的数据对接问题，兼顾了实操性和计量的规范性、可比性，实现各单位部门的实时沟通、协调与信息共享。

（3）应用数据指标评价与分析。在云计算技术下，高校结构化数据与非结构化数据的应用处理更加智能化、动态化和自动化，使得财务绩效评价应用指标的数据挖掘更加容易，它可以根据给定的目标从海量数据中挖取潜在的、有用的，并容易被人理解，以可视化的模式充分展现出来，并提供庞大的信息分析功能。云计算平台会将第二流程的业务数据加工程序的数据按高校财务绩效体系分配给指标计算资源池，分别计算四个一级指标、十个二级指标、三十三个三级指标的结果，并且按照各指标的四个维度取值与权重进行计算，得出最后的绩效评价结果，并在对绩效评价结果全方位评估分析后，提供出完整的、高质量的财务报告及信息使用者所需的不同财务决策方案。在云计算环境下，利用财务绩效评价指标分析其绩效管理的实时变化，在绩效指标较低，目标未达到，或绩效指标过高，超出目标过多的情况下，高校可通过分析原因和参考决策方案来适当调整，指导其绩效管理和科学管理各部门业绩。

（4）动态绩效预警与监督。综合应用云计算的高校动态财务绩效评价模式，是一个系统的管理监控体系，它可以按照使用者的不同要求自选查询口径，可随时生成财务报表。云计算的可扩展服务可减少信息使用成本，提高信息披露质量，有利于监管者及时获得高校财务数据反馈，加强财务绩效管理，大大提高了业务信息的时效性，实现了财务信息的动态核算，突破了信息传递迟滞的瓶颈，也避免了人工主观因素的干扰，保障了其绩效管理的实效性。一旦财务绩效数据发生异常或与实际执行目标发生偏差，系统就会发出预警信息，提示出错的原因，并跟踪后续业绩进展情况，动态、及时地对高校管理各部门的绩效信息进行反映和记录，从而形成一个良好的内循环监控，有利于绩效考核和激励的组织环境，以此达到加强监督，客观地评价和管理，提高资源效率的目的。

高校基于云计算进行财务绩效动态评价模式建设，能够不受时空和评价主体的主观约束与限制。利用云计算的技术，使得采集和加工各种数据更加标准与专业，评价对象更加精细化。基于云计算的高校财务绩效动态评价模式是新的流程再造，通过共享服务实现数据挖掘，智能化、科学化对绩效评价管理进行全方位评估分析，从而使得高校财务管理从分管层面提升到动态管理与支持决策层面，优化配置资源服务，提升了高校综合能力，突出其办学特色，有利于促进教育事业的发展。

第三章 新时期高校财务管理绩效

第一节 我国新时期高校财务管理绩效优化路径

随着我国高等教育的改革与推进，将市场观念融入高等学校的办学当中，这已经逐步成为高校的发展趋势。促进高校财务管理开源节流，提高资金使用效益，对推动高等学校的发展具有十分重要的意义。

一、我国新时期高校财务管理绩效的不良表现

（一）内部收入分配功能弱化

目前大多数高校根据内部收入来制定办法，允许创收单位在规定的范围内自主管理、自行安排创收所得。这种财务管理方式高效发挥的前提条件是合理规定创收单位与校内津贴的份额，然而，我国高校大都通过变相提高创收单位的所得，减少学校所得，导致高校提供资金的能力与职责处于一种失调的状态，无力兼顾创收能力弱的单位。这种追求局部利益的做法弱化了校内分配功能的发挥，降低了高校财务管理的绩效。

（二）固定资产投资效益较低

我国高校自 1999 年扩招以来，高校就添加了大量的教学楼、食堂、图书等固定资产设备。但是在高校的内部并没有形成良好的共享与管理机制，各部门配置"小而全"的固定资产设备，甚至为引进人才单独配置实验室，这种不良的做法导致高校固定资产长期处于一种积压状态，利用率极低。

（三）财务预算效率低

（1）预算提前期限短，影响了预算的执行。财政部在推进部门预算改革 10 年过程中，预算编制时间不断提前，预算编制周期从 6 个月延长到 9 个月，高校预算下达时间太晚，严重影响学校当年的预算的执行情况。

（2）预算存在多级分配率较低。多级预算分配主要有两种形式：一是学校将经费分配给学院，学院再根据自身情况自行细分分配；二是学校将经费分配给职能部门，

再由职能部门将经费分配给使用单位。这种多级预算分配容易导致二级分配的部门和学院为了加强自己的权利，不将预算经费一次性分配，不容易达到责、权、利对等的效果。因此，这种多级、多层次的预算分配方式不断加大了工作量，而且加长了预算下达时间，使得预算效率极其低下。

二、我国新时期高校财务管理绩效优化的路径

（一）统一并提高各级领导的认识

要提高我国新时期高校财务管理绩效，高校各级领导必须从全局的高度认识到新时期高校财务管理绩效的重要性，向管理要经费、要效益，把财务绩效最大化作为高校财务活动的根本目的。同时树立起高等教育成本意识，以现代的成本会计和管理会计为基础，建立起全校教育成本与控制评价制度。

（二）健全高校经济责任制，完善高校财务管理体制

高校财务管理问题，最根本的就是体制问题。随着我国高校教育体制改革的不断深化，教育投资主体多元化已经逐步形成，学校正从单一的事业型管理逐步向多元化管理过渡，各类经济活动复杂，财务管理也日益复杂，学校应建立起健全的经济责任制，建立起"统一领导、集中管理与分级管理相结合"的财务管理体制。

（三）改革预算管理模式

预算管理是学校经济活动的前提与依据。预算资金的筹集、分配和使用关系学校财务状况与发展能力，因此，预算管理应作为高校财务制度改革的重点内容。为此，可以通过强化责任机制、建立起激励机制，将校内的经费预算与工作绩效挂钩，预算的执行随工作绩效浮动的预算管理模式。

（四）探索建立高校仪器设备共享模式

学校内部应建立起仪器设备等资源的共享模式，打破原有的仪器设备的封闭式管理。首先，高校仪器设备属于国有资产，学校只有管理与使用权，在共享模式下，仪器设备采取统一管理、统一分配、统一使用；其次，高校应建立起统一管理、统一分配、统一使用"共享管理平台"，将分散仪器设备组织起来，形成功能齐全的开放系统，在学校内部跨学科、跨学院、跨单位使用。

（五）建立高校财务绩效评价和问责制度

目前我国大多数高校对各部门预算资金使用的评价仅仅停留在考察资金是否按照预算规定进行使用与执行，至于预算的资金使用的效率与效果如何则无人关心。因此，应根据高校的目标采取科学的评价指标与方法对高校预算支出的效率与效果进行客观

公正的评价。对于明显使用不当、评价效率与效果低下的，应根据具体情况对部门责任人进行问责，给予一定的行政处罚。

（六）加强财务管理队伍的建设

高校财务管理者的素质与财务管理的效率与效果紧密相关，应对财务管理人员进行培训，转换"重核算、轻管理"的思想，不断提高财务管理人员的知识水平与能力，以适应新形势下高校财务管理工作的要求，从而保证高校财务管理目标的实现。

第二节　绩效导向下的高校财务管理

随着近年来我国教育改革不断深入，自我管理、自我约束的高校独立法人地位已经得到了有效增强。在日益激烈的市场竞争中，高校财务管理工作不仅要更好地满足市场需求，还要将本校的社会效益得到最大化发挥，积极克服在财力、物力等方面存在的缺陷，以此方式来实现高校财务管理工作的可持续发展。所以在高校财务管理中要充分考虑管理体系的不断完善，如何为高校特色办学提供坚实的经济基础。重视绩效考核工作，增强绩效考核责任感，认清当前形势，同时针对当前高校财务管理中存在的问题提出改善措施。

一、现阶段绩效导向的高校财务管理中存在的问题

高等教育迅速发展，从而使财务管理在高校管理中的重要性得到了进一步加强，与此同时，绩效管理观念得到了有效增强，但是现阶段在高校财务管理中还存在以下几个问题。

（一）财务管理目标不明确

目前我国高校对财务管理工作的认识还停留在经费争取和收支核算这些方面，财务管理目标还存在局限性，主要工作内容还是高校日常经费支出的核算，以此来保证高校资金的安全性。财务管理流程侧重于后期财务工作监督和会计信息反映，主要忽略了对财务风险事前预测、事中控制、事后财务分析、绩效考核等细节工作在绩效管理中对高校融资能力的测算，经济效益分析以及办学成本控制等力度不够，财务管理目标不明确，最终导致财务管理工作进行得不顺利。

（二）财务预算管理能力有待提高

预算工作是高校事业发展的基础，然而在实际工作中，编制预算与执行预算，高校部门预算和内部预算等两张皮的现象依然存在；在预算过程中缺乏科学有效的定额

以及标准；由于编制过程不透明，所以造成财务预算结果不准确，内容不全面，未能将高校财务工作收支现状真实、准确地反映出来；在预算执行中出现预算变更频繁、执行力度不够等情况，再加上预算指标下达晚，因此使得财务管理工作失去了事先预算和事中控制的作用；在预算执行环节缺乏科学的绩效考核依据和考核措施。由于存在以上情况，因此财务管理工作进行不顺利，最终导致高校债务过度膨胀，从而出现了盲目投资的现象。

二、基于绩效导向下的高校财务管理措施分析

（一）构建完善的绩效管理体制

提高对绩效管理工作的重视，及时成立专门的绩效管理小组以及管理部门，在此过程中围绕现阶段高校财务管理中存在的主要问题。不断强化收支管理以及资源配置，将提高财务人员现代化管理意识作为目标。同时借助绩效指标体系来掌握绩效管理进度，从而顺利开展绩效评价、绩效监督、绩效激励等有关工作。加强对绩效管理制度的有效完善，及时制定奖罚机制，重视高校绩效管理的工作，在新时期下积极构建网络化财务管理平台来进行现代化管理，从而在提高人员财务管理意识的基础上，有效确保绩效管理机制的及时落实。

（二）建立并完善绩效会计信息体系

会计信息是预算工作的主要依据，主要包括人员经费和公用经费两个方面的预算。在绩效管理中将各个单位各自承担任务作为主要依据，及时设定绩效会计信息目标和考核内容，有效依托现代化信息技术以及核算模式，实现对项目会计信息的分类处理，如科研项目、人才培养项目、现代化建设项目以及后勤保障项目等。将绩效作为高校会计信息体系的主要导向，及时获取收入以及办学成本投入等相关信息，同时还要确保高校会计信息的透明化和公开化，积极进行会计信息共享，有效保证了绩效会计信息的科学性和准确性。

（三）构建现代化绩效财务管理信息共享平台

由于高校财务管理工作涉及内容较多，不仅包括办学资源配置、办学成本投入、资产使用、人才培养模式，还包括科学研究成果以及社会服务能力等多项内容。为了保证高校财务管理工作能够全面开展，需要及时根据财务管理现状来构建科学合理的财务管理信息共享平台，制定有效的财务信息标准体系，重视财务绩效信息整合，及时对绩效信息数据做出合理优化，并在经过筛选后将其数据及时导入高校绩效管理系统，从而根据设定目标来对绩效信息进行准确计算和深入分析，这样做能够为绩效管理考核及时提供可靠准确的参考依据，同时现代化绩效财务管理信息共享平台的实效性也得到充分发挥。

（四）建立财务绩效管理责任制

为保证财务管理工作能够有序进行，要及时对高校绩效考核和财务监管工作进行科学管理，及时分析各个单位绩效完成的情况，分析办学成本投入是否达到最优，实际效果是否超出预期，以及绩效管理实践体会。在此过程中对已经完成绩效目标的单位进行嘉奖，同时在下一轮预算中为它们提供更多资源，奖励表现突出的单位和个人，对未完成绩效目标的单位进行相应惩罚，同时取消这些单位的下季度项目任务。强化管理责任，及时营造和谐良好的高校财务绩效管理责任氛围，从而促使财务工作者积极完成绩效目标，有效提高这些人员的责任意识。

综上所述，财务绩效管理工作的进展以及落实情况对高校未来发展起到了决定性影响。在新时期形势下，要认真分析财务管理现状，同时针对财务管理问题及时提出应对措施。加强对财务管理制度的有效完善，通过构建现代化绩效财务管理平台，制定合理的绩效管理标准，以此方式有效增强高校财务管理工作的实效性。

第三节　财务管理制度视角下的高校绩效工资制度

随着近年来我国高校现代化教育体制改革的全面深入，不仅对高校人才培养提出了新要求，同时也对高校管理工作制定了新标准。在高校财务管理工作中，教职员工的工资制度一直是一个重要的组成部分。自2011年正式实施高校绩效工资管理制度后，高校财务管理发生了根本变化。本节从财务管理制度视角分析了高校实施绩效工资制度的意义、原则及影响，同时也探讨了应如何更好地在高校推行绩效工资制度。

绩效工资制度，顾名思义，是以工作绩效考核为基础核算并支付相应的工资薪酬。相对于我国高等院校传统的固定工资制度，绩效工资制度更加科学合理，并能够充分调动高校教职员工的工作积极性，提升责任心。在现阶段，由于高校绩效工资制度推行实施时间尚短，因而在具体实施细节方面不可避免地存在一些不足。从财务管理制度视角，深入研究探讨高校绩效工资制度的完善，对于我国高校的现代化全面发展具有重要意义。

一、高校绩效工资制度

（一）意义

我国高等院校传统工资制度主要是以职位和资历为基础，工资分配强调平均主义，教职工工资收入的多少与工作能力、工作内容无关，这样的工资制度显然不利于调动教职工的工作积极性，也容易产生矛盾。绩效工资制度的实施则打破了传统工资制度中排资论辈的方式，将工作效率和工作价值作为工资分配的主导，这使得高校工资制度更加的公平化，对高校各项工作效率的提升具有积极作用。作为高校财务制度改革中的重要内容之一，实施绩效工资制度，在规范补贴津贴机制的同时，也使得以绩效工资制度为前提的激励机制、工资水平决定机制、宏观调控分配机制更加合理完善。高校绩效工资制度与其他财务管理制度的结合，重新规范了高校财务收入和管理秩序，有效解决了劳动付出和劳动所得不相符的矛盾，促进了高校内部的和谐发展。同时绩效工资制度的推行进一步完善了高校教职工的考核机制，全面提升了高校的教育服务水平，杜绝了出工不出力与敷衍了事等现象。

（二）原则

高校绩效工资制度实施必须严格遵循四项基本原则：①坚持"按岗获薪、突出岗位"原则，对内部教职员工的结构从整体上进行优化，使岗位管理设置逐步得到完善。②坚持"优劳优薪、按劳获薪"的原则，在兼顾公平与效率的前提下，可将工资分配差距适当拉大，将各岗位教职员工的实际工资收入与学校办学效益、工作内容、工作责任、工作贡献、工作业绩挂钩。③坚持"责酬一致、明确职责"的原则，明确划分不同岗位需承担的具体工作责任和内容，协调薪酬与责任大小之间的关系，同时可根据具体情况制定合理的奖惩性绩效机制，进一步加强各岗位教职员工的积极性和责任心。④坚持"稳定增长、控制总量"的原则，高校绩效工资制度的实施符合国家财政政策方针，避免出现高校教职员工收入水平增长过快，与当前我国社会经济整体发展脱节的问题。

（三）影响

在财务管理制度视角下，高校绩效工资制度的推行，增加了高校财务管理工作内容，同时高校财务的预算、核算及分配直接影响绩效工资制度的落实。因而，在高校落实推行绩效工资制度过程中，首先应做好全体员工经费预算的控制工作，将各级学院（部门）教职员工的绩效工资预算经费，以及负责专项教学和科研的教职员工绩效工资预算进行具体细化。同时高校的财务管理部门还需根据绩效工资制度的需要，调整和改进现有的财务管理和会计核算制度，转变财务管理观念和模式，建立满足绩效工资制度实施的财务管理新模式。

二、从财务管理制度视角优化高校绩效工资制度的实施

（一）收入结构的科学构建

在绩效制度中，绩效工资、基本工资与政策性补贴三部分组成了高校教职员工的薪酬收入。其中绩效工资又被分为奖励性和基础性两部分的绩效工资。基本工资依据

最新的《事业单位工作人员收入分配制度改革方案》（56 号）以及不同地区的相关政策进行发放，其中包括薪级和岗位两部分工资收入。政策性补贴，根据地区公积金管理办法进行发放。由三者组成的高校教职员工收入结构的科学构建，需在国家财政政策的基础上，根据地区的不同以及高校的自身情况，因地制宜，在不改变基本结构的前提下进行适当调整。例如，政策性补贴中的住房公积金，可根据教职员工的实际购房需求进行适当调整，以此来平衡收入结构，避免出现不平衡的问题。

（二）财务制度的配套

高校绩效工资制度的落实需要高校财务部完善与之配套的财务管理制度。根据绩效工资制度实施要求，完善内部财务结构，调整各项预算经费的会计核算与各项经费的发放制度。同时，高校财务管理部门还需做好基础会计工作，规范教学、科研、二次创收等经费发放制度，确保绩效工资额度在预算范围之内。

（三）经费预算的合理编制

大部分高校财务部门拨款绩效工资时，通常都是按照一定标准按人均进行发放，财务部门与人事部门之间缺少协商。实施绩效工资制度，需要高校的财务与人事两个部门对绩效工资分配预算额度进行协商，对各级学院的绩效工资总量进行认真细致的测算，并确保将其编全、编实、编细。财务部门在汇总绩效工资预算后，一旦通过审核批准，必须按照此预算严格执行。在执行发放过程中，各级学院（部门）的财务和人事必须做好跟踪、分析和评价工作。高校实施绩效工资制度，应将其预算编制作为控制、管理、协调高校人事工作的重要工具，通过财务与人事提升绩效工资预算编制的效率。

（四）会计核算的规范

高校推行实施绩效工资制度，需要财务部门对会计核算行为进行规范，并设置绩效工资科目或专门的辅助账，以此对绩效工资进行统一核算，达到分账核算、专款专用的目的。同时会计核算制度的规范，对于不同性质人员经费的发放，以及绩效工资发放范围人员的发放区分具有重要作用。在绩效工资制度的实施中，规范会计核算相关规章制度，可有效避免出现绩效工资额度被占用的情况，有利于及时正确核算与监控统计绩效工资。

（五）加强监督和宣传

高校绩效工资制度的落实推行，还需要高校加大监督和宣传的力度。高校可通过校内网、发放宣传册等方式让教职员工熟悉绩效工资相关规范条例，同时高校可组织全体教职员工开展绩效工资专题讲座或会议，通过会议让全体教职员工可以更加深入地了解绩效工资制度对于自身收入和学校发展的作用。让全体教职员工正确认识实施绩效工资制度的益处，并达成一致。在宣传过程中，应特别强调劳务开支需按照绩效工资制度要求执行，尤其是报销内容的宣传，应向全体教职员工进行明确阐述，获取理解和支持，防止实施绩效工资制度后产生不必要的矛盾。此外，高校应让全体教职员工正确认识绩效工资制度按劳分配的基本原则，实施绩效工资制度既不是降低工资收入，也不是增加工资收入，而是通过改变传统的工资考核与体系，让教职员工的收入水平适应当前社会与高校的发展。

（六）拓展资金来源渠道

预算内和预算外经费是高校办学资金的基本组成，高校实施绩效工资制度后，各地区政府财务主管部门应鼓励和扶持高校拓展预算外资金的来源渠道，并将这些预算资金按一定比例增加到绩效工资中。高校可通过利用自身的教学资源增设辅导班、进修班或培训班等，在增加高校业务范围，提升教育服务水平的同时，通过收取一定费用增加预算外的资金收入。高校还可创办独立院校，目前这一模式已经逐渐普及，高校利用自身的品牌形象和教育资源创办独立的院校，可大幅提升高校资金收入。尤其是创办收费标准较高的三本院校，在全国扩招，生源不断增加的背景下，创办这类院校无疑是高校增加预算外资金收入最行之有效的方式之一。同时高校还可通过对外租借闲置的教室、运动馆、科研设备等方式获取租金收益，此外，高校的篮球馆、游泳馆、网球场等体育场所可在假期对外开放，收取一定的入场费。社会助学资金捐助也是高校增加预算外收入的重要形式。高校可通过宣传科研成果和办学水平，打造自身品牌知名度，提高品牌影响力和价值，以此吸引企业合作，争取企业的教育基金赞助。高校在国家法律政策允许范围内提高自身预算外资金收入，对于高校绩效工资制度的实施推行具有积极的推动作用。

高校绩效工资制度在财务管理制度背景下，需从构建科学收入结构、配套财务制度、合理编制经费预算、规范会计核算、加强宣传以及拓展资金来源等方式，确保其有序开展。同时，我国高校绩效工资制度的实施推行还必须与时俱进，根据社会和高校的发展要求，不断探索创新，这样才能够真正确保绩效工资制度在高校的落实，进而为高校的现代化改革提供有力的支持。

第四节　财务绩效视角下高校科研管理制度的现状及其优化

高校科研管理制度作为规范科研活动的原则，关系我国高校科研水平的提升。当前我国高校科研管理制度初步形成，但是以财务绩效作为衡量标准，高校科研管理仍存在着一些问题。基于财务绩效的视角，我国高校科研管理制度创新的路径包括：加强科研管理队伍建设；建立健全科研协作制度；创新科研组织制度；建立和完善科研激励制度；构建科学的科研考核体系；等等。

科学研究是高校的重要职能，是现代大学的重要特征之一，科研水平的高低也日益成为人们评判一所大学生产绩效和综合实力的核心指标。提高科研水平，关键是要通过科研管理制度优化科研资源的配置，调动科研管理人员和科研工作者的积极性，进而提高科研工作的整体效益和水平。因此，从高校科研管理制度的现状出发，探讨如何通过科研管理制度创新，优化科研资源配置，是新时期高校科研水平提升的必然选择。

一、我国高校科研管理制度建设现状

（一）高校科研管理制度初步形成

推进高校科研工作顺利进行，必须加强制度建设。高校科研工作涉及学校、科研人员、科研团体、科研管理者四个方面，各利益主体之间的关系需要制度加以调整。近年来，我国政府陆续制定了一系列关于科研管理的公共政策。在国家政策的指导下，高校结合自身的实际情况，在听取广大科研人员和教职工意见的基础上，出现了许多关于科研管理的规章制度。有的对科研管理做出了原则性规定，如对科研管理的目的、作用、地位等做出规定；有的对科研管理提出了具体要求，如对课题立项、评审的程序性规定。从问题指向上看，这些规章制度既有针对原有科研管理的弊端，也有应对科研管理中的新情况、新问题的内容。从内容上看，这些规章制度涉及科研活动的各个方面和各个环节，包括课题申请、科研经费的使用和管理、科研工作量、合同管理、横向课题管理、成果奖励、成果鉴定、学术交流、科研档案等。所以，科研管理的随意性和主观性大大降低，科研管理无规可依的局面得到了根本改观。

（二）奖惩制度是高校科研管理制度建设的重点

奖惩制度能够把科研人员的切身利益（如工资、福利、奖金、津贴、职务晋升、职称评定等）与科研成果联系起来，从而使科研人员的行为向高校管理者期望的方向转变，促使科研人员研究，出好成果。奖惩制度充分体现了按劳分配、多劳多得、优劳优酬、奖优罚劣的原则，像一个无形的指挥棒，发挥着重要的导向功能。奖励的功能在于激励，即通过给予科研成果丰硕、科研能力强的科研人员以物质报酬或精神荣誉，激发全体科研人员的积极性和主动性。惩罚的功能在于约束，即通过使后进的科研人员遭受一定的物质损失，督促他们提高科研意识，潜心治学。高校的科研奖励制度及其详细条目都是公开的，因此，科研人员能够知晓"谁"在科研方面是最好的，以及为什么做到了最好。通过与"标杆"进行比较，科研人员能够找到差距及其原因。正因为科研奖惩制度具有如此重要的功能，我国高校纷纷将其作为科研管理制度建设的重点，作为创新科研管理制度的主要手段。

（三）课题制是高校普遍采用的科研组织管理模式

针对计划体制下科研组织模式的弊端，《中共中央国务院关于加强技术创新，发展高科技，实现产业化的决定》要求："国家科研计划实行课题制，大力推行项目招投标和中介评估制度"。为落实这一要求，2001年颁布的《关于国家科研计划实施课题制管理的规定》指出，课题制是指按照公平竞争、择优支持的原则，确立科学研究课题，并以课题为中心、以课题组为基本活动单位进行课题组织、管理和研究活动的一种科研管理制度。实践证明，课题制能够促使科研项目主体和受助对象多元化，扩大科研经费投入；能够充分调动学术专家群体在项目立项、鉴定结项过程中的关键作用，在一定意义上促进了科研管理的民主化与科学化；课题制也是一种有效的科研激励机制，有利于调动广大科研人员的积极性。正因为如此，"自20世纪末期我国在科研项目中实行课题制以来，广大科研人员通过课题方式获取科研资助日趋普遍。课题制逐步成为占据主导地位的科研组织方式"。

二、财务绩效视角下高校科研管理制度问题分析

高校管理要协调高校有限的资源投入与实现办学目标的矛盾。所以"高等学校行政管理的成功与否，最终要通过办学效益来体现"。任何高校管理制度都要体现出财务绩效，高校科研管理制度也不例外。虽然高校科研管理制度对于促进科研事业的繁荣发展起到了至关重要的作用，但是其在实践中仍存在一些不可忽视的问题，这些问题阻碍了财务绩效的提高。

（一）科研考核评价制度不合理

改革开放以来，我国科学研究绩效评估是以注重数量评估为主要特征，"除论文计量外，定量评估的其他指标还包括研究项目和经费、获奖、专利等"。如依职称级别的不同而要求教师每年发表多少篇什么级别的论文、完成何种级别的科研项目、转入多少科研经费、完成多少专著和教材、完成字数多少等任务，未完成任务的则会受到物质和精神的惩罚，如扣奖金、津贴、不能评先进等。量化考核容易导致重数量轻质量、"以数字论英雄"的功利化学风。科研经费是开展科研活动的物质基础，是衡量科研工作规模、实力的重要指标。但是在考核制度下，一些高校片面强调科研经费的数量，由此产生了一批"项目老板"。这些"老板"只负责跑项目，却不亲身从事科学研究。同时，用文章数量来表征作者的水平也不一定准确，"有的学者文章发表数百篇，但滥竽充数的不少，甚至有改头换面，将主要内容重复投稿的现象发生"。此外，高校科研考核制度还存在过频过繁问题。我国高校普遍考核周期过短，考核频次过高，导致科研人员负担过重，使科研人员患上"考核疲劳症"，从而使考核背离了促进高校科研事业发展的方向。

（二）激励约束制度不完善

在激励约束制度设计上，我国高校普遍存在重物质激励、轻精神激励的倾向。物质激励能够对有潜在能力的教师产生强有力的示范效应，其作用是不可替代的。但是，单纯依靠物质利益刺激容易导致激励动力不足，这是由货币收入的边际效用递减规律所决定的。在这种情况下，积极宣传科研先进人物的事迹，强化精神激励，提高科研人员的荣誉感和归属感，提高科研人员参与高校管理的水平，推进科研管理的民主化，赋予杰出科研人员"优秀科技工作者""科研标兵"等称号，或许能达到事半功倍的效果。激励缺乏层次性是我国高校科研激励约束制度上存在的另一个重要问题。一般来说，青年科研人员与老年科研人员、高级职称科研人员与中级职称科研人员的需求具有一定的差异性。但是，在激励约束制度设计上却存在"一刀切"的现象。例如，将科研成果与职称评定挂钩，能够调动青年科研人员和中级职称科研人员的积极性，但是对于老年科研人员、高级职称科研人员则难以起到激励作用。部分高级职称科研人员认为自己的职称已经到头了，所以，他们对科研兴趣低，未能从思想上重视科研工作，没有积极的心态，缺乏投入科研工作的主动性、紧迫性与热情。

（三）科研经费使用和管理制度不健全

科研经费是资助方给予科研人员用于科学研究的专项资金。科研人员在使用科研资金时，需要承担财务责任。财务责任主要包括两个方面：一方面是恰当和负责任地使用研究经费；另一方面是经济利益冲突，科研人员必须能认识到并能解决可能对研究工作造成任何损害的经济利益冲突。但是，在我国的高校科研实践中，滥用科研经费是共性问题和突出问题，许多科研资金使用效率低下。据中国科学技术协会的调查显示：科研资金用于项目本身仅占40%左右，大量科研经费流失在项目之外。滥用科研经费的重要原因是科研管理制度不够完善，包括制度漏洞、制度的权威性不够和制度规定不合理。许多高校的科研经费监管基本上处于真空状态。高校虽然制定了科研经费报销审批流程，但学校每天需要报销的费用庞大，审核人员难以全面审核所有的单据。

（四）系统的科研协作制度缺失

管理学家法约尔指出："在所属人员中造成分裂并不值得夸耀，任何人都可以做到，而相反却需要真正的才干才能协调力量，激励起热情，发挥所有人的能力，奖励每个人的长处而又不引起可能的忌妒与破坏协调的关系"。我国高校的相关科研制度，尤其是考核激励制度不利于科研协作关系的建立和维护。"科技成果主持人和主要完成人的数额有限，结果形成教师科技人员争当主持人、争署名排次的现象，这在一定程度上削弱了科研协作能力，致使'单打一'现象普遍"，在这种情况下，建立专门的科研协作制度具有极强的现实针对性。这种科研协作制度的主要目的是在科研人员内部营造和谐的人际关系，鼓励科研协作，提倡多学科联合攻关综合性的重大科研项目。令人遗憾的是，我国高校普遍模糊系统的科研协作制度，由此造成高校科研人员普遍缺乏团队合作意识与集体攻关精神。科研人员往往从自己的得失考虑问题，在科学研究中彼此缺少合作与沟通，不同学科之间无法融合与扩展，难以完成集成创新。

三、基于财务绩效的高校科研管理制度创新

（一）加强科研管理队伍建设

高校科研管理人员的思想状况及其自身素质对于科研管理水平的提高具有至关重要的作用。我国科技界过去存在一种认知误区，即将科研管理人员定位为"打杂的""跑腿的""伺候人的""抄抄写写的"无关紧要的工作人员。事实上，"如果能够做好一个领域的科研管理工作，对于科学事业的贡献一点也不比完成若干项研究工作差"。所以，在科研重要性日益增长的今天，我们必须克服轻视科研管理队伍建设的思想倾向，充分肯定科研管理人员的工作价值和光荣使命，采取得力措施提高他们的自身素质，实现高校科研管理人才专业化、知识化。加强科研管理队伍建设，关键是建立健全科研管理人员选拔和培训制度。选拔制度的主要功能在于把好"入口关"，切实将具备科学研究领导和组织能力、作风正派、办事公正、热爱科研管理工作的人员选派到科研管理岗位上。培训制度的主要功能在于更新科研管理人员的知识结构，开阔科研管理人员的视野，提高他们的知识水平，提高他们的服务意识和服务技能。

（二）建立健全科研协作制度

要优化资源配置，通过构建学科平台，分层次建立应用基础研究人才队伍、关键技术攻关队伍，鼓励协同攻关，促进人才成长。如前所述，目前高等学校大都成立了科研机构，但这些科研机构多数属单兵作战，难以形成团队，形成合力，难以承担大项目，取得大的成果。所以要采取各种措施，形成若干个由"学术带头人＋创新团队"组织模式构成的科研团队，通过团队建设把科研工作做深。此外，建立科学研究基地对于科研协作具有重要的价值。例如，为整合资源，形成团队，可考虑建立国家哲学社会科学研究基地。"建立国家哲学社会科学研究基地，能使哲学社会科学研究从单兵分散向集群整体发展，对于找准研究方向、明确研究思路、汇集研究人才、增强研究能力、提高研究质量等具有重要作用。"

（三）创新科研组织制度

基层学术组织对不同类型的大学来说应该有不同的组织模式，建设高水平大学的基层学术组织应该有利于教学科研的融合，有利于汇聚队伍，形成方向，构筑科研基地与平台。教学研究型大学的基层学术组织比较重视院（系）的教学科研组织，教研与科研并行，在院（系）单独开设一些研究机构，专业和学科是分离的，教学和科研

结合不够；教学型大学以教研室为主，等级式垂直管理，学校→院（系）→教研室，没有很多的研究机构。对很多高校而言，基层学术组织要深化改革，着力建立起以学科为主线、以科研任务为基础的矩阵型基层学术组织模式，进一步加强科研与教学、科研与学科的融合。要充分利用已有国家和省部级重点科研机构，发挥这些科研机构在承担大项目、获得大成果方面主力军的作用，进一步加强其集成性、交叉性、综合性和国际化程度等方面的建设。

（四）建立和完善科研激励制度

要研究和出台符合科研发展规律的科研激励制度，实现科研人员及团队最优激励，最大限度地调动广大师生从事科研的积极性，推进科研管理工作由"数量型管理"过渡到"质量型管理"。首先，突出"以人为本"的激励制度。高校中的广大科研人员是创新的主体，为了调动他们投身于科学研究的积极性，科技管理应是激励导向型的。在科研管理中要围绕科研人员展开活动，重视、关心、培养广大科研人员，这样才能充分发挥青年教师进行科研创新的积极性。其次，加强产学研结合，促进成果转化。建立高校科技产业化基地，积极推进科研成果转化和技术转让。要加强校市、校企以及学校与社会的联系，最后，进一步加强科研成果转化的力度，探索科研成果转化与推广的有效机制，搭建科研成果转化平台，更好地为经济建设和社会发展服务。

（五）构建科学的科研考核体系

一个存在诸多不足的科研考核体系，将给科研考核本身带来诸多负面评价，甚至阻碍科研的发展。结合高校的科研考核评价结果，高校科研考核要在以下几个方面有所突破：首先，进一步深化人事分配制度改革，加大对科研工作的考核力度。科研考核是对科研人员工作的一种衡量制度，是对高校教师现阶段实施工作能力评估、工作量核算以及在此基础上进行效益计算的主要方式。作为重要指标，考核结果也可能作为校级经费预算投入的重要参考依据。在考核中，既要对单位考核，也要对个人考核。其次，着力提升科研效益。科研工作的开展需要良好的软硬件支撑。高校要形成科研资源共享的制度，加强科研资源信息管理，强力推进资源共享，最大限度地减少重复购置。同时，高校的科研成果应及时向社会公布，使科研成果及时发挥最大的社会效益。最后，制定合理的科研工作量计算办法。尽管完全公平合理的量化方法是不存在的，但是量化仍不失为一种有效的考核方法，其中量化的合理性需要加倍重视。同时，在量化过程中要注重不同学科科研工作的差异，针对学科特点，赋予不同的加权调节系数进行科学平衡。要处理好质与量的关系，针对我国高校的科研现状，要大力提倡"质重于量"的学术理念。

第五节　基于零余额下的高校财务绩效预算管理

随着我国高等教育的发展，高等教育的社会公益性和非营利性，对高等院校预算运行绩效（即"用钱效益"）提出了更高的要求，对预算信息的准确性、真实性及合理性也同步提出了更高的要求。针对目前高校预算管理中的信息不足问题，笔者认为乘零余额账户制度改革之契机，全员树立零余额概念，贯彻零余额制度，对高校预算管理效益有着举足轻重的作用。本节对财政零余额的概念、意义及实施现状，高校绩效预算实施零余额制度管理中存在的问题及应对措施进行了探讨。

一、我国财政零余额账户制度的概念与意义

2001 年 3 月，我国颁布了财政国库集中支付制度。这一制度是现代市场经济国家普遍采用的财政运行管理模式，其特征即是零余额账户管理。所谓零余额账户就是预算单位在办理直接支付和授权支付业务时，均由代理银行先行垫付资金，即从国库支付中心开设的直接支付零余额账户和为预算单位开设的授权支付零余额账户中将资金支付到收款人账户，垫支的资金由代理银行在每天规定的时间内与国库单一账户或财政备用金账户清算，当天清算完毕后，财政直接支付的零余额账户和授权预算单位支付的零余额账户的资金余额为零。实施零余额制度后，财政预算拨款不再有银行存款的概念，预算单位也不再有银行存款余额，代理银行与用款单位月初收到的只是一个根据财政预算批复而核定的用款额度。额度不可超支，年末未使用额度自动取消，确有特殊情况未能按时使用而必须使用的款项，申请并得到上级财政部门批准后，以"财政应返还额度"科目于下年将使用额度返给预算单位。即只有支出去的才是"钱"，其他数字均为额度。

实行国库集中支付制度从根本上解决了财政资金多环节拨付、多头管理、多户头存放的弊端；降低了财政资金的运行成本，提高了财政资金的使用效益；有利于提高预算收支过程的透明度，保障财政资金安全有效运行；借助真实的支出信息与测算方法，提供预算单位在实际执行预算过程中的可靠信息资料，为预算单位编制预算时，财政部门审核预算时，提供客观的预算定额参考，从而加强了财政预算的执行，推进了部门预算的改革步伐。

二、零余额账户制度实施现状

随着我国财政国库集中支付制度的改革，零余额制度率先在我国国家行政机关部

门实施后，逐步地在教育等各类事业单位展开。高校彻底实施了零余额制度改革，零余额制度的实施，对暂时闲置的国库资金实行了现金管理，提高了国库资金的使用效益。实行零余额制度，虽然不改变各部门、各单位的支出权限，但它的作用在于建立起了一套预算执行的监督管理机制与理念，为预算支出信息的真实性和完整性奠定了良好基础。

三、目前高校财务绩效预算现状

传统的高校财务预算着重其合法性，目的都是以年度能够实现的收入，安排高校各项经费需求，而效率和有效性尚未得到应有的重视。目前最科学、最先进的高校财务预算为绩效预算，均以结果为导向，以工作绩效目标为目的，在保障学校日常行政管理与教学工作需求的基础上，紧紧围绕高校年度工作重点与发展方向安排经费，是维持与发展兼顾的绩效财务预算；年度终了，对预算运行绩效（即"用钱效益"）进行评价，评价预算执行效率和有效性，一方面评价学校整体年度绩效、重点项目绩效，为学校下年预算决策与发展重点提供参考；另一方面对高校职能部门、二级学院业绩提供考核数据。因此，高校财务绩效预算对预算执行信息的真实性、完整性、合法性等提出了更高的要求。

四、高校财务绩效预算实行零余额管理

高校财务绩效预算严格实行零余额制度，贯穿预算管理全过程，包括预算编制、预算执行与绩效评价。编制是基础，执行是关键，评价是结果。预算执行过程中履行财会的核算与监督职能。

零余额制度下，高校校内财务绩效预算，也就是为全校开展各项工作、各部门实现职能所安排的经费额度。有用于全校整体性的人员经费额度，如在校教职工的工资福利支出，离退休职工离退休费，本专科生、研究生的奖助学金等对个人与家庭补助支出；有用于维持日常行政与教学教辅工作的日常公用经费额度；有用于专项工作的专项项目经费额度。所有预算经费安排，一致的表现形式就是额度。总收入、总支出为总额度，明细支出为明细额度。年度终了或验收期末额度归零，完全体现的是零余额的概念。为鼓励节约经费，特殊情况另行对待，如经高校预算委员会批准，日常公用经费及部分专项项目经费节余者可结转下年留用。一般专项项目经费于年度终了或验收期末清零。

随着财政国库集中支付制度在高校的实施，零余额概念的引入，额度概念的建立，预期高校各行政管理部门、各二级学院等教学教辅部门全员树立起零余额概念后，对预算的遵守与执行具有极大的作用。对高校的预算管理工作必将产生积极作用：① 有

利于全面地掌握预算资金，提高资金使用效率，进一步提高高校预算资金管理水平；② 有利于确实保障预算执行情况的真实性、完整性与合法性，防止预算执行情况出错，加强了预算管理的严肃性，为下年预算安排决策提供正确的参考信息，避免因无法准确测算、核实预算单位或专项项目为履行职能所需资金数额，导致经费安排不合理现象；③ 有利于防止资金滞留在二级预算单位而出现类"小金库"现象与预算资金挪用情况，扼制引发违法犯罪现象；④ 有利于避免给预算经费使用单位的工作带来不便，防止激化矛盾，影响工作效率；⑤ 有利于提高预算支出信息的透明度，可增强预算资金使用效益，便于预算监督与追踪问效，为高校财务预算的绩效评价工作奠定基础。总之，零余额概念的引入对加强高校财务绩效预算的刚性、保障有限预算资金的效益性、优化高校资源配置、完善绩效考评机制、提高财务管理水平、实现高校预算管理改革具有非常重要的现实意义。

五、高校绩效预算管理贯彻零余额制度中存在的问题及应对措施

多年以来，高校绩效预算中部分专项项目经费额度，尤其以经费卡控制使用的部分经费额度，被部分二级预算单位或个人攥在手中，闲置若干年度，拿出使用时，该项工作已经结束，该项经费额度已不存在。造成以下情况：一是占用了其他项目经费的使用额度，弱化了年初预算对预算执行过程的监督；二是造成当年预算执行数据失真；三是专项项目完成情况不良，为资金挪用留下隐患；四是专项项目额度已清零，已无经费可支用；五是部分单位和个人对清零制度不尽理解，难以接受。

零余额制度贯彻中所遇问题的应对措施：① 以零余额账户制度实施为契机，认真学习，深刻领会，切实贯彻与财政国库集中支付制度相关的法律法规，提高高校校级领导、各二级部门领导与相关业务人员、财务人员的零余额意识。② 零余额制度的具体实施，需高校党政领导给予大力支持，具体可采取下达文件、会议强调等方式，也就是以法规的方式确立预算零余额制度的刚性。③ 零余额概念的树立，必然是对传统制度、概念的否定和改革。改变多年来的观念，必然有一个转变过程，所以需财务等相关部门做出大量的、积极的、耐心细致的宣传等解释工作。取得二级部门领导及全体教职工的理解与认可。④ 财务人员在贯彻执行零余额制度中应坚持原则，思路清晰，坚持不懈，尤其应杜绝年末以借款名义挪用项目经费现象，为财政零余额账户制度改革，高校财务制度的建设与完善做出应有的贡献。

第六节 价值链会计在高校财务绩效管理中的应用

经济在不断发展，财务绩效管理愈演愈烈，也愈加显得重要，高校财务绩效管理是一项艰巨而复杂的任务，关乎高校更好的进步和建设，价值链会计的应运而生就可以很好地帮助完成这一任务，并充分广泛应用，将价值链会计方法运用到高校财务绩效管理中，能够克服现有的政府视角绩效管理的弊端，有利于高校更加注重资源分配和价值增长的协调性，完善高校价值管理机制，提高财务资源使用效益。

目前，高校财务绩效管理已经越来越依赖价值链会计，甚至已经离不开价值链会计，或许还有很多人对这些东西不是很了解，也没有这种强烈的感受和体会，本节就以此来进行一些叙述，围绕价值链会计在高校财务绩效管理中的应用进行分析。

一、价值链会计和财务绩效管理的基本概念

财务绩效管理属于绩效管理范畴，其内容和流程主要包含绩效计划、绩效辅导、绩效评价以及绩效反馈等，实际上，就是反映在一定的时期内某一种方式发展什么样结果的过程。

价值链会计有另外一个称呼叫作价值链会计管理，价值链会计是将市场以及客户当作导向，把关键企业当作根本，把一价值链的全部增长效益当作目标，其目的是把价值链的分布形成一个整体，最终可以组成一个极其充满挑战性的战略联盟，实现全部价值链的低成本抑或差异化的挑战优势，这也就是把真正的多赢得以实现。

二、价值链会计在高校财务绩效管理中的应用

（一）为高校财务绩效管理提供作业设计线路

一般而言，作业是一个集合体，是组织为生产产品或者提供人工、材料和技术等劳务消耗。作业管理的重要环节是生产流程的组合分配，这是所有相互联系作业的综合。高等院校财务绩效管理其实就是效益管理，所以，凭借价值管理的手段或措施，彻底再从开始仔细规划将价值增值当作导向的高等院校操作程序，最终能够把教学、科研外部和内部治理等形成一个全面的具有超高效率的操作程序以及所用资源动态原因等完整财物价值链会计模式。与此同时，还要在评价财务管理价值链增值作业和非增值作业的层面上，将财务管理价值链中的根本或是实质程序明确拟定下来，如此操作就能够为行之有效地获取、合乎情理地配置以及超高效率地规划使用高等院校财务资源提供有利参考和重大凭证。

（二）高校财务绩效管理从价值链会计中得以构建

概括起来价值链上的具有效益的活动，能够分成两种，即关键活动和间接性活动（或辅助活动）。关键活动是一种生产操作过程当中具有实际作用的活动，它可以真正创造实实在在的价值，而辅助活动虽然没有多大实际意义，但它为基本活动做好辅助，由此可以构建财务管理价值链，它是从横向、纵向以及内部进行全面构建的，可以准确地反映出高校价值创造的整个过程。需要说明的是，横向直接反映高校的价值创造过程，纵向是在关注高校以及高校所在相关人员、国家、社会管理层等相互间具备好处和效益的关联性，与之相对的就是关心留意高校运营管理以及高校里面治理环境的有用性。价值链会计在高校财务绩效管理中受到应用，还可以发挥出最大的作用。

（三）价值链会计是做好高校财务绩效管理的指标

在高校的财务管理价值链当中，财务资源的得到途径、规划配置以及合理使用的意思是资源投入，而财务管理价值链中的价值创造成果则是表示价值产出。资源投入是高校财务绩效管理的关键，它是价值生产的社会效益以及经济效益的前提，在还未设计财务绩效管理既定标准时，先要做好准备，也就是说，务必要全面想到资源投入既定标准以及价值产出既定标准相互之间的作用和影响。这样一来，价值链会计对高校财务绩效管理起到绝对的指标作用，这是非常关键的，也起到良好的评价作用，它是做好高校财务绩效管理的参考。

（四）管理价值链会计能够保证并做好高校财务绩效

价值链会计的高校财务绩效管理相对于传统意义上的财务会计信息处理来说是极大的突破，价值链会计首先要把事先遍布在任意一个价值创造高校的数据，在价值链会计的思想下形成完整的有着相互联系的价值管理指标体系，这样才能够保证高校价值管理部门对和高校价值链相互联系的每一种财务甚至是非财务信息进行获取，并且是没有困难和阻碍的。与此同时，需要注意的是：价值链会计信息处理在目前尚未受到国家相关会计规范以及会计制度的约束，所以拥有很多的操作自由，高校不妨这样做，它能够通过自己的方法制作一套满足数据整理以及方法计量所需的财务信息管理系统，数据整理系统关键是用来输入和整理价值管理的相关指标，还可以作用于高校价值链作业中极其重要的资源投入和产出，但方法计量系统是用来存放各不相同的财务和非财务确认、计量规定原则和分析模式，这是一种效益式的计量，作用在高校价值链产出信息。

价值链会计是一种新的模式，运用时间不长，用在高校财务管理中也是如此。但是该方法运用在高校财务管理中确实可以解决一些现有的政府视角绩效管理的弊端，对高校的资源分配以及价值增长的协调性都是极为有利的，能够起到积极的作用，产生积极深远的影响，它既可以完善高校价值管理机制，又可以提高财务资源使用的效率，将价值发挥到最大。基于这些好处，价值链会计会越来越成熟，会在以后的高校财务绩效管理中得到越来越广泛普遍的应用，发挥更多的作用，这是大势所趋，也是必然会到的一步。

第四章 新时期高校财务管理绩效创新研究

第一节 基于PDCA循环的高校专项资金绩效管理

PDCA循环理论是质量管理的重要理论，具有系统性、循环性、监控性、渐升性等特性，其目标设置、管理过程、循环特点与高校专项资金绩效管理具有契合点。本节针对高校专项资金绩效管理中存在的问题，借鉴PDCA理论，坚持绩效是核心，管理是关键，将绩效管理目标贯穿资金管理的全过程。通过优化目标设定、预算控制、绩效跟踪、考核评价、结果应用等流程，不断提升高校专项资金的管理水平和使用绩效。

教育兴则国兴，教育强则国强，高水平教育是国家综合竞争力的重要体现。近年来，随着国家财政管理体制改革的不断深入，对高等教育投入力度持续增加，但高校资金的供需矛盾仍然日益突出。高校的专项资金作为政府公共财政支出的重要组成部分，如何提高其使用绩效，优化资源配置，促进高校发展，也日益成为财政、上级主管部门和高校所关注的重点。本节借鉴质量管理中的PDCA循环理论，结合高校专项资金管理的实际，主张从计划、执行、检查、处理几个流程加强对专项资金的管理。

一、PDCA循环的含义和特点

PDCA循环又叫作戴明环，最早由休哈特提出，后经戴明改进，是企业经营管理的一种重要方法，全面应用于质量管理和项目管理中。PDCA循环分为P（plan，计划）、D（do，执行）、C（check，检查）、A（adjust，处理）四个流程，四个环节环环相扣，周而复始。

PDCA循环的概念决定了其具有如下特点：第一，具有系统性，PDCA循环主张的不是一个人的力量，而是整个组织的合力，大环套小环，通过绩效指标将各项工作有机地组织起来；第二，具有循环性，一个循环结束解决一部分问题，提出新的目标再进入下一个循环，周而复始；第三，具有监控性，通过软件或者监管部门对全过程进行检查、监控，发现问题及时修正，保证质量；第四，具有渐升性，PDCA循环过程是一个螺旋式上升的过程，一个循环结束后，质量得到提高，再循环，再运转，再提高，不断循环，持续改进。

二、PDCA 循环与高校专项资金绩效管理的契合点

（一）整体目标的契合

PDCA 循环的整体目标是通过完善工作处理程序和强化过程控制，完善和改正生产经营过程中存在的问题，全面提升产品和服务质量。专项资金管理的整体目标是通过加强对专项资金申请、使用整个过程的控制和评价，提高经费使用的经济性、效率性和效果性，更好地为学校的人才培养、科学研究、战略发展服务，发展更高水平的教学科研成果和培养更高层次的人才。整体目标存在契合点。

（二）循环过程的契合

PDCA 循环就是计划、执行、检查和处理这四个环节的循环往复过程。计划是整个循环的基础，执行是整个循环的关键，检查是整个循环的保障，处理是整个循环的提升。高校专项资金管理的过程与 PDCA 循环过程大体相同，目标设定、预算编制对应 P（计划）阶段，经费使用对应 D（执行）阶段，绩效跟踪、评价对应 C（检查）阶段，奖惩环节对应 A（处理）阶段。两种管理模式都强调过程管理，专项资金管理的事前计划、事中检查、事后评价等流程环环紧扣、相互促进，保证与质量管理在过程上有契合性。

（三）循环特点的契合

PDCA 循环的运动是呈阶梯式向前推进的，一个 PDCA 循环结束，一些问题得到圆满解决，同时遗留问题或新发现的问题将触发新 PDCA 循环。上一个循环是新循环的基础和起点，新循环是上一个循环的扩展和延伸。专项资金管理循环同样是呈阶梯式不断推进的，其中的过程控制和项目评价的环节，就是为了查找漏洞并将其完善后运用于下一期的专项资金管理中。因此，两者的循环特点也具有高度的契合性。

因此本节希望用 PDCA 循环理论厘清思路，抓住主要矛盾，结合高校专项资金管理的特点，针对目前高校专项资金绩效管理中存在的问题，能够构建一个全方位、多层次、立体化的高校专项资金绩效管理体系，提高专项资金管理的科学性、规范性、有效性。

三、目前高校专项资金绩效管理存在的问题

（一）项目申报缺乏规范性

一些高校申报项目不是从战略发展、学科建设、人才培养、科学研究的实际出发，只是为了争取资金而上项目，项目建设目标不明确，论证不充分。存在重复申报类似项目、同一项目申报不同专项、巧立名目套取项目资金的情况。在申报额度上，不顾

实际需要，就高不就低，想方设法多报项目经费，导致项目完成后，产生大量的冗余，造成资金沉淀，影响资金使用的效率和资源配置效果。

（二）预算控制缺乏有效性

高校"重申报，轻管理"的监管模式，导致预算控制存在薄弱环节。事前控制不充分，预算编制粗放，未能制订详细的用款计划，精确度不高。过程控制不够，项目执行与预算存在差异时，缺乏灵敏的反应机制和处理机制，项目负责人擅自突破开支标准，改变经费用途，挪用、串用、占用经费现象时有发生。预算考核浮于表面，缺乏严肃性和威慑力，没有真正发挥预算对经费的监控作用。

（三）资金使用缺乏经济性

存在违背专项资金专款专用的原则，擅自更改专项资金用途，挪用、挤占、侵占专项资金的情况；存在为了加快执行进度，突击采购，不按合同进度付款，伪造业务，虚开发票的现象；存在结题不结账，对结余资金结转和分配不及时，资金使用不充分的情况。以上问题严重影响了专项资金使用的经济性和效率性。

（四）监督检查缺乏全面性

目前事后监督较多，过程监督较少；专项监督较多，日常监督较少。没有形成一个全方位的监督体系。监督方式比较单一，缺乏常规的、持续性的监督检查和预警机制，信息反馈不及时；没有将内部监督和外部监督相结合，监督乏力，职能弱化。各个监管部门职能分割，沟通交流不畅，缺乏资源共享和协同办公，造成工作重复和效率低下，甚至政出多门，让人无所适从。内审机制不健全，审计人员主要对财务票据的合规性、合法性、合理性进行监督检查，对项目前期申报和专项资金使用等整个运作过程参与度不够，缺少对项目过程和经济效益的审计。

（五）绩效评价缺乏系统性

专项资金来源的复杂性、种类的多样性，客观上造成绩效评价标准难以统一。目前国家对专项资金绩效考核并未提出详细的定量指标和定性指标，评价指标缺乏可比性、可操作性和可量化性。在此环境下，高校自身对专项项目的绩效评估多以满足相关上级的检查要求，消极被动应付上级检查为主，没有切实落实和履行自身的绩效评估职责，对资金的使用效益以及预算执行着力较少，考核和激励约束机制执行不严，导致相关负责人责任意识淡薄，不注重资金支出的经济性、效率性和效果性，造成财政资源的严重浪费。

四、借鉴 PDCA 循环理论，抓好专项资金绩效管理四个环节

针对目前高校专项资金在项目申报、预算控制、资金使用、监督检查、绩效评价

等方面存在的不足，借鉴 PDCA 循环理论，通过科学调整整体目标，在加强预算编制、绩效跟踪、监督检查、绩效评价以及结果反馈等流程控制，从 PDCA 四个环节强化高校专项资金绩效管理。

（一）P 阶段：科学设定绩效目标，合理编制项目预算

1. 科学设定绩效目标

专项资金绩效目标是高校使用财政专项资金能够生产的成果和效益。高校在申报专项资金时应与学校的发展战略相结合，从立项的源头注重专项资金的使用效益。科学设计专项资金绩效目标，测量经费需求，确定项目完成保障措施。绩效目标主要包括以下四个方面。

（1）管理目标：包括机构设置科学、制度健全、人员配置合理、财务制度有效、会计核算准确等。

（2）效益目标：包括项目实施带来的教学科研水平提升、科研转化能力增强、咨询收入增加、服务收入增加、技术转让收入增加等。

（3）效率目标：包括资金拨付到位、资金使用及时有效、专款专用等。

（4）效果目标：包括项目准时完成、项目决算和预算匹配、固定资产稳定增长等。

2. 合理编制项目预算

"凡事预则立，不预则废"。专项资金对预算编制要求高，需要通过事前的预测发挥对专项经费使用的控制。预算一旦编制，一般情况下，不允许修改，资金使用必须严格按照预算执行，专款专用。因此项目立项时，要充分论证，资金申报要有理有据，量力而行。需要专业人员指导编制详细的资金使用计划，将预算编制细化到项、类、目。项目预算编制应采用零基预算的方法，根据实际需要编制预算，逐项审议各项支出的内容及开支标准是否合理，避免不必要的耗费，将钱都花在刀刃上。预算编制要遵循完整性原则，所有与项目建设相关的财务收支都必须纳入预算，专项资金预算要纳入整个部门预算体系当中，防止资金体外循环。

（二）D 阶段：严格执行管理，强化绩效跟踪

将总体目标层层分解为阶段目标，制定符合高校实际的专项资金管理办法和跟踪管理制度，确保资金执行过程有据可依。为专项资金设立绩效管理员，围绕已确定的专项资金绩效目标，充分运用信息化工具，实现对专项资金的网络动态监管，实时跟踪专项资金下达情况、经费支出明细、预算执行情况、政府采购情况、项目建设进度，以及项目效益的实现程度。定期总结专项资金使用情况报告，向项目组和学校专项资金管理机构汇报经费使用情况和预算执行进度，对偏离预算的情况，分析原因，上报主管部门采取必要的补救措施或调整、修改计划，保证项目能按时、按质、按量顺利完成。

（三）C阶段：加强监督检查，科学评价绩效

研发监控软件，将专项资金业务流程、关键控制点嵌入程序，对专项资金全过程跟踪管理，对违背专项资金管理要求的事项，自动报告和处理。调动各部门的力量，建立专项资金管理机构，由分管领导和相关部门负责人组成，尤其强化审计人员的全过程审计作用。项目检查考核工作从项目开始时启动，明确专项资金使用目标，对资金落实情况、管理机制完备性、预算执行进度、工程建设组织、财务管理状况、目标完成情况、产出绩效等整个项目的全过程进行监督检查。对执行不力、进度缓慢的，要及时提醒催促，对出现较大偏差的，要查找原因及时纠正。根据绩效目标细化、量化绩效评价指标，以定量指标为主，以定性指标为辅，运用科学、合理的绩效评价标准和评价方法，对专项资金绩效进行客观公正的评估和测定。创新评价方式，除了现场评价、会议评价，也可委托第三方评价。考评标准、过程和结果应当公开、公平、公正。

（四）A阶段：运用考评结果，进行激励惩罚

（1）引入竞争机制，好的奖，差的罚，通过奖惩提升高校师生经费使用的责任意识和工作动力。高校对规范、节约、合理使用专项资金并成果突出的项目、单位或个人，学校应给予表彰和奖励；对行为不当或组织不力的项目负责人和单位，学校应进行批评教育或收回其经费；对在专项资金使用、管理中有违法违规行为的，应追究有关单位和人员的相应责任。

（2）促进信息公开，增加资金使用的透明度，引入项目负责人声誉机制。建立科研人员的信用档案，对信誉情况进行登记、公开，对信誉度较低的科研人员，在经费申请等环节重点监督。

（3）依据绩效下达预算，减少无绩效或低绩效的项目，鼓励绩效优良的项目，优化经费支出结构，逐步形成专项资金绩效评价的长效机制。

A阶段是一次循环的终点，也是总结归纳的环节。通过查漏补缺，对好的方面继承和发扬，形成标准和制度；对不足的方面分析原因，加以完善。持续完善高校专项资金绩效评价标准和管理制度，为下一次的专项资金PDCA循环提供借鉴和经验。

没有规矩不成方圆，高质量的管理能够带来绩效水平的提升。针对目前高校专项资金项目申报缺乏规范性、预算控制缺乏有效性、资金使用缺乏经济性、监督检查缺乏全面性、绩效评价缺乏系统性等问题，本节将管理学中的PDCA循环理论和专项资金管理的实际相结合，提出高校专项经费绩效管理可以从PDCA四个环节着手，坚持绩效为核心，管理是关键，重视过程管理和监督，从管理、效益、效率、效果等几个方面建立高校专项资金绩效评价指标体系，对高校专项资金使用的全过程进行科学合理评价。以评促改，不断完善高校专项经费绩效管理，提升专项资金使用效益，更好地发挥专项经费在高校人才培养、科学研究、社会服务和文化创新中的重要作用。

第二节 高校财政专项资金绩效管理工作改进思考

按照新修订的预算法，为完善预算管理，2014年9月国务院发布了《关于深化预算管理制度改革的决定》，要求健全预算绩效管理机制，逐步将绩效管理范围覆盖各级预算单位和所有财政资金。这就对高校完善绩效管理体制提出了新要求。

一、目前高校专项资金绩效管理存在的问题

（一）对绩效管理重要性认识不足

首先，高校领导层面普遍对预算绩效管理重视程度不够。大部分领导认为预算绩效管理工作只需具体落实到学校财务部门或者项目执行部门完成即可，并没有从学校整体规划和全局思想出发来考虑，更没有把学校绩效管理工作与学校中期规划结合起来。

其次，各专项实施部门对绩效管理缺乏相应认识。虽然大多数部门能够按照财政部要求完成基本的绩效管理工作，但由于理论、实践经验不足，工作方式方法落后，对绩效管理工作理解不够，绩效管理理念未能深入人心，绩效管理工作停留在表面，趋于形式。

（二）专项管理重申请，轻绩效

高校财政专项资金采取的是申报制。一般来说，专项的申请及执行由高校的项目实施部门牵头掌握，在以前年度绩效管理工作并未成为必需时，项目实施部门关注度集中在项目申请，只注重项目能够申请到多少资金，申报时仅进行事项申报，能够提供项目实施依据和方案，但没有项目绩效目标规划，对项目最后的产出和效益并未形成系统管理，有的甚至无法完成项目成果。

长期以来，重视专项资金申请的理念目前仍未能完全转变，许多高校的预算绩效申报依然只依靠项目实施部门，没有设立专门的绩效申报、评价机构，绩效申报缺乏科学性，没有形成有效、严谨的申报流程，没有专家的论证参与，等等，导致专项申报过程中普遍出现绩效目标设置片面化、短期化，绩效指标设置产出和效果导向不足、量化程度不够，指标覆盖率低等问题。

（三）专项执行重资金进度，轻绩效管理

专项预算绩效管理贯穿于项目的整个过程，事前、事中、事后管理环环相扣，事中的预算绩效管理是整个绩效管理体系中不可忽视和缺失的环节。但目前大多数高校

将绩效管理的着重点放在绩效申请和绩效评价环节之中，对事中的绩效管理没有明确的规划或要求，往往只关注资金是否到位、资金如何分配、资金执行进度等问题，忽略绩效的执行和监督。

有的高校在进行专项管理时，将专项资金执行进度明确列入了问责范围，但对于绩效执行，未能责任化。这就导致项目负责人只重视项目的资金执行进度，而轻视了绩效执行情况，导致无法及时对执行结果与绩效目标的差异进行对比分析，无法针对实际执行情况对预算进行调整、控制，最终导致项目产出结果偏离绩效目标，绩效自评结果不佳。

（四）专项绩效评价缺乏有效性

首先，绩效评价是预算绩效管理中的重要组成部分，高校财政专项绩效评价应该由绩效管理部门、项目实施部门等各部门配合实施，并提交给学校绩效管理工作小组，由工作小组按程序进行评审，并公开绩效评价结果。由于目前高校预算绩效管理还处于起步阶段，大部分高校绩效自评还只是依靠项目实施部门单独进行，没有建立有效的绩效评价机制，造成高校绩效评价管理因项目自评部门的管理水平不同而参差不齐。组织机构不健全、评价主观性太强、评价不及时、评价指标设置不科学、评价被动性等问题在高校中普遍存在，评价结果往往不能反映项目的真实情况。

其次，大多数高校未建立有效的绩效考核机制。一方面，部分高校由于领导缺乏重视，或者预算管理体系不健全，并未在预算管理中建立与绩效评价挂钩的考核制度，导致项目负责人重视程度不足，绩效评价工作敷衍，往往效果不佳；另一方面，部分高校虽建立了相应的考核制度，但是由于种种原因没有得到有效执行，流于形式，同样影响绩效评价的质量。

二、对高校专项资金绩效管理工作的改进建议

（一）建立有效的绩效管理体制和流程

首先，高校应建立健全高校专项资金绩效管理组织机构，明确组织职能，明晰权责。学校应当设立绩效管理领导小组，由分管校领导任组长，由财务处、审计处、国资处、设备处、教务处、科研处等职能部门任小组成员。领导小组下设工作小组，负责具体绩效管理事务。

学校要完善绩效管理工作机制，制定有关工作流程，具体如下。

（1）规范绩效申报程序：项目立项时对专项立项依据、可行性、实施方案、经费预算、中期及年度绩效目标、绩效指标等内容进行同步申报；组织对项目预期绩效设定进行科学论证，可引入专家论证环节，研究和评审项目的可行性，对项目绩效目标设定、绩效指标建设进行审核。

（2）严格绩效跟踪程序：确定目标责任，明确各管理部门对专项资金执行过程中的监督和检查任务；建立预算执行预警机制，强化偏离绩效目标时的调整措施。

（3）落实绩效评价程序：规范项目绩效自评报告的要求要点；各专项部门按规定时间提交规范的绩效自评报告，由学校绩效评价小组进行评审检查。在检查评价方式上，尽量做到多元化，外部评价与内部评价相结合等，必要时可开展绩效审计。

（4）坚持绩效考核程序：落实项目完成后的绩效考核程序，强化奖惩；重视评价结果运用，制定绩效评价信息公开程序。

值得注意的是，绩效管理工作机制一定要制定全过程管理，防止漏掉容易被忽视的事中绩效管理，对预算执行效果进行"绩效跟踪"，保证预算执行过程不偏离绩效目标，提升绩效管理效率。

（二）构建专项资金绩效评价体系

学校应积极构建符合实际的绩效评价指标体系，按照规范的评价程序进行法，利用科学、严谨、有效的评价指标，运用科学的评价方法衡量绩效评价结果。首先，绩效评价工作必须坚持"公平、公正、公开"原则，保证绩效评价结果的真实性和可靠性。其次，绩效评价体系的构建应遵循科学合理的原则，以学校发展战略和中期规划为基础，按照主管部门统一部署的要求而制定，绩效评价不能简单片面地只靠分析几个指标完成。再次，在指标的制定上，高校应该尽量做到定量指标与定性指标相结合、财务指标与非财务指标相结合、理论性与实用性相结合，依据学校的营运状况和专项特点，设立共性化与个性化结合的绩效考评指标体系和评价标准，设定不同维度的、可衡量的、清楚的、产出和效益明确的、动静态结合的绩效评价体系。最后，绩效指标的体系要与资金量相匹配，选择适中的指标数量，在保证绩效评价结果质量的同时，控制评价成本和工作量。

高校可以根据实际情况利用多种评价方法进行绩效评价。如引入平衡计分卡，这种评价方法是基于财务、顾客、内部流程、学习与成长四个维度来建立指标体系，全面评价各个维度中的指标要素对总体绩效的影响。

（三）制定科学有效的绩效考评机制

通过建立有效的绩效考评机制提升专项绩效管理。学校可以建立专项绩效考核小组，负责组织和管理绩效考核工作。对专项设定绩效考核负责人，绩效考核的首要目标是与学校的战略目标和中期规划有效结合，并根据专项特点设置关键考核指标。

需要时，高校可以引入外部评价，委托有关部门或者第三方中介机构进行绩效评价，并将评价结果作为考核的重要依据之一。绩效考核一定要制定有效激励和绩效问责，以此来调动专项绩效负责人的积极性，约束其工作，保证绩效管理工作的顺利实施。

如高校每年可自行公布绩效自评结果，对绩效自评结果优秀的项目所属部门给予奖励，对绩效自评结果不理想的项目所属部门进行批评，令其整改，并将此结果作为下一次申请项目的参考之一，以此监督各项目部门着眼长远利益，加强自身绩效管理。

（四）探索建立预算绩效管理信息体系

有效的绩效管理是建立在信息对称的基础之上的。通常项目的有效信息主要集中在项目实施部门，绩效管理部门因缺乏对项目的信息掌握，只能依托项目实施部门提供的部分数据进行评价和管理，不能完全保证管理的有效性和客观性。于此，建立预算绩效管理信息体系就显得尤为重要，高校可以通过建立预算绩效管理信息平台，将专项资金的申报、评审、批复、执行、成果等信息纳入信息库管理，分人员设置信息权限，实时采集绩效目标的设定、绩效的执行、绩效的规划与执行过程中的偏差情况、绩效指标的完成等信息，以保障绩效评价工作的有效性。

高校也可以充分利用绩效管理信息平台：① 对项目实施进行监督，有助于项目实施部门收集绩效数据，重视绩效管理；② 将项目执行情况及时汇报给相关领导，便于领导掌握项目实施的动态情况；③ 及时发现项目实施过程中存在的问题，能够更准确地对项目进行整改或调整，保证绩效目标的实现；④ 分析项目信息，不断修正和完善绩效评价体系；⑤ 提高项目绩效的透明度，利用信息平台公开项目绩效信息，接受外部监督。⑥ 为绩效考核提供客观、科学的信息依据。

（五）培养绩效管理专业队伍

队伍建设是保障工作顺利完成的基础，培养专项绩效管理人员，努力提高绩效管理部门相关人员管理水平迫在眉睫。学校应当组织财务人员以及有关项目实施业务部门，加强绩效管理知识培训和学习，采取专题讨论、专家讲解、交流学习、模拟预演等多种方式，多层次、多角度地提升工作人员的绩效管理水平；还可以开展绩效评比活动，对学校不同部门之间的项目绩效进行评比和交流，跟踪访问，加强各部门的绩效意识，旨在让预算绩效理念深入人心。

只有不断提升绩效管理人员的理论知识水平，积累实践工作经验，掌握绩效评价能力，让绩效管理理念深入人心，才能保障绩效管理工作的顺利完成，并不断推进绩效管理进入新阶段。

高校财政专项资金绩效管理工作尽管仍处在起步阶段，但是各高校已经在着手研究和完善此项工作。总体来说，绩效管理理念的重视和深入是保障绩效管理的前提，建立健全高校财政专项资金绩效管理的各项制度是做好绩效管理工作的根本，只有这样才能真正提升专项资金的绩效管理水平，将专项资金的使用落在实处。

第三节　高校预算支出绩效管理

近年来，为进一步提升高等教育现代化水平，国家将大量的财政资金投入高等教育事业的发展上，同时随着教育事业收入水平不断提高，高校财务预算管理方式发生了重大的变化。在保障高校正常运转、事业发展的前提下，如何科学、合理配置资源，提高资金使用效能，实现高校的可持续发展，已成为当前财务预算管理工作中的重心。

一、预算支出绩效管理的理论基础

（一）预算支出绩效管理的含义

预算支出绩效管理是指在预算管理全过程中实施绩效管理，即在预算制定时设立绩效目标，在预算执行过程中进行绩效监管，在项目完成时开展绩效评价，在预算安排时依据评价结果。其目的是在高校资金投入有限的情况下，科学配置资源，提高高校资金的使用效益。

（二）开展预算支出绩效管理的必要性

1. 适应高校内部管理需求

目前我国高校的预算管理仍只是侧重资金来源渠道、部门使用需求等方面，在资金投入前的充分论证、项目执行过程中的有效监管和项目产出后的科学评价等相关环节缺少相应措施，没有真正体现预算管理对经济活动的指导作用。而开展预算支出绩效管理正是适应现代大学制度高校财务管理体制的需求，通过预算支出绩效管理的模式，可以提升高校财务管理科学化、精细化水平，科学合理地分配高校预算资金，从而实现资源配置效率的最大化，保证高校战略目标的实现。

2. 适应政府管理需求

近年来，国家十分重视预算绩效管理工作，并出台了相关文件。在《国家中长期教育改革和发展规划纲要（2010—2020年）》中指出，高校经费使用要建立绩效评价制度，重大项目经费要加强使用考评等经费管理的相关要求。2014年3月，辽宁省财政厅、辽宁省审计厅、辽宁省直属机关目标绩效管理工作领导小组办公室联合下发了《省直部门预算绩效管理工作目标绩效考核实施方案》，在这份文件里面指出，省直各部门需要对预算绩效管理工作进行考核，并且最终的结果将会被纳入省直机关目标绩效管理考核体系。

二、高校预算支出绩效管理的现状与存在的问题

（一）绩效管理理念需要进一步增强

目前大部分高校没有真正地意识到预算绩效的重要性，尽管在安排支出预算时能够按事情的轻重缓急来考虑，编制过程通过自下而上、自上而下的方式，使高校各部门能够全程参与预算的编制，可是他们并没有关注资金投入之后得到的绩效如何，也正是因为如此，在投入的全部资金项目之中，有一部分项目是几乎难以取得较高绩效的，这让资金的使用效益拉低，但是因为不重视绩效，就无法在一开始投入资金时排除掉那些低绩效的项目。

（二）规范的预算绩效管理模式还处于起步阶段

在我国，对于科学、规范的预算绩效管理模式才刚刚起步。在编制预算时，首先，需要注意的就是确定绩效目标，即想要达到一个什么样的结果，其次，是严格监控预算的执行，最后，需要对绩效结果进行总结评价。但是对于上面所说的环节的管理工作，我们仍然处于起步阶段。

（三）绩效评价质量有待提高

在我国，绩效评价的质量必须提高。因为还未曾建立起科学、规范的绩效评价体系，在不同的地区，有着各自不同的评价标准，所以，它们之间的评价指标等不能进行比较，进而推出按照多样的评价标准得到的评价结果是不够科学、公正并且合理的，其评价质量自然也就会受到质疑。

三、高校预算支出绩效管理分析

在预算支出绩效管理之中，首要的是绩效效果，其本质即追求达成绩效目标。

（一）将绩效管理纳入预算编制环节

在预算管理中，如何进行预算编制是其根本，若要对其进行改革，需要将一些重要的绩效理念深入理解并全程贯彻落实。

（1）需要明确该高校的战略目标。对于各大高校而言，预算制定依据高校工作目标，所以，在进行正式的预算编制前，首先要明确高校的战略目标，然后根据目标再确立绩效评价体系，在这一体系里面，编制预算需要参考的主要有高校的战略规划，以及绩效评价指标等。

（2）需要紧密结合该高校的绩效目标、计划以及预算编制。对于绩效管理工作，绩效目标作为其基础以及前提，在进行预算编制工作时，需要依据科学合理的规范进行资金等的确认。绩效目标和部门目标应当是紧密结合的，除此之外，它需要的是能

够被达成，且可以被衡量的。

（3）需要评估申报的预算具体的实施绩效。这个绩效评估并不是在实施之后进行的，而是在它实施之前，对其绩效进行一个大概的评估。这种评估有利于确定申报的预算具体需要。

（二）将绩效管理纳入预算执行和控制环节

对于执行以及控制预算，也需要有效的绩效管理。对此，需要进行一定的绩效改革，首先要让绩效的理念深入人心，然后，还需要严格监控资金的具体使用情况，提高资金的利用率。

（1）加强控制产出和结果。对于以前的传统的预算管理，更为看重的是资金等资源的投入，而忽视了产出和结果。然而，后者的产出和结果正是绩效管理的核心所在，因此，在改革绩效管理的过程中，我们需要加强控制产出和结果。在加强控制产出和结果时，要注意结合绩效目标以及资金管理，以防备偏离目标，能够及时做出调整。

（2）平衡好集中控制和管理的灵活性。按照管理的要求，既要给予预算部门一些自主权，又要保证好集中控制。让相关部门根据其绩效拥有权力，但是要权责分明，既要有工作的积极性，又要承担相应的责任。这使得这些部门自主地加强对预算的监控。

（3）完善绩效运行跟踪监控管理系统。我国的财政部预算司对于绩效跟踪监控机制就出台过文件，做出指导，如定期采集相关信息、监控其运行等，最终达到绩效目标。

（三）将绩效管理纳入绩效评价结果反馈与运用环节

（1）将绩效评价结果反馈和应用机制建立起来。通过反馈结果明确预算执行情况，然后找出管理中的弊端，再有针对性地提出解决策略，进一步完善绩效管理工作。

（2）公开绩效结果。公开绩效结果能够让群众对绩效结果有所了解，并且对其进行监督，这样一来，一方面，能够监管相关部门的腐败行为的滋长，另一方面，也让单位之间有一定的竞争，提高自己单位的工作绩效。

（3）对绩效评价结果建立相应的约束和激励机制。对于绩效评价结果，首先需要将其公开，此外，需要进行一定的奖惩。如此可以提高资金的使用效益，也让相关部门提升预算管理水平。

第四节 引入绩效考评机制提高高校预算管理水平

高校的建立是为了让从高中毕业的学生有一个可以接触社会的地方，使他们更好地建立自身的学习知识体系。传统的预算管理方法有着许多弊端，长期使用传统方法会让高校的资金运作遇到不少难题。一个高校在运作的过程中，如果引入了绩效考评机制，会增加资金的利用率，降低高校运行遇到风险的概率。如果不进行有效的改革，就算绩效管理机制与预算管理互相结合，也是漏洞百出的。确立方向时，应在考虑经济效益和时间效益的背景下进行。一项工程进行的时间较长，其中所用到的人力、财力等都是高校在没实施建设之前所不能进行预见的。

在引入绩效考评机制之前，各个高校在预算管理方面有着不少的缺点，使预算的管理效率低下，资金运用也不合理。在使用绩效考评机制以后，以上所说的缺点都会被消除，而且可以优化高校的预算管理层次，让各高校的运作方式更加符合其实际情况。

一、对绩效考评机制的重视性

预算管理也是一种资金管理方式，合理使用好预算管理，会让高校资金运转有更大的效益。将绩效考评机制运用到预算管理中，将各个高校之间的经济关系联系起来，但预算管理并不是资金运用的最重要目的，所以管理者可以适当调整预算管理策略，更好地为高校服务。

二、绩效管理机制和高校预算管理结合的基础条件

只有将绩效管理机制和高校预算管理的基础条件都统一，才能将两者相互结合起来。这样做起来其实并不是特别容易的事情。

（一）将所有预算合并

一座高校在运作期间，每天费用支出都是非常大的数字，如果还用以前传统的预算管理方法，就不能将全部的预算都算入其中，导致资金运转出现问题。将所有预算都合并，才能最大程度地体现出绩效考评机制的功能。

（二）改革预算方式

现在的高校中，用的主要是两种预算编制方法，这两种方法都不能将预算内容做到细致化、明了化。所以应该对预算编制体系进行更新，避免预算本身出现的任何问题。如果不进行有效的改革，就算绩效管理机制和预算管理互相结合，其中也是漏洞百出。

（三）合理修正会计制度

很多高校的会计制度与绩效管理机制和预算管理的结合都是不相容的，合理修正会计制度以达到两者结合所要求的条件。绩效管理机制和预算管理结合后，会计方面的工作也会得到很大好处，减少了不必要的开支，利于会计工作的开展。

三、想好绩效预算管理模式的办法

（一）绩效预算管理模式的概念和体系结构

一开始，高校的领导人就应该组建预算小组，确立一年预算管理的总方向，确立方向时，应在考虑经济效益和社会效益的背景下进行。预算小组中的相关管理人员要做好对预算过程的监督工作，避免出现漏预算等问题。

预算小组成立之后，将预算的总目标拆分为各个小目标，分配给以下的各部门。各部门根据自己的小目标完成支出预算。支出预算中包括营运预算和资本预算。营运预算是指此高校为了维持正常的运行而产生的费用，包括水电费、维修费等。资本预算是指高校为了以后更好的发展，对将要建设的工程或者在准备阶段的计划进行成本预算，包括扩展校区、建立公共设施等。在对各个小目标进行预算的同时，也为预算小组提供了更好的选择余地。绩效考评机制在对学校的资本预算中便产生了很大的作用，因为学校的营运预算主要是高校每日的财经支出，这些支出都是在需要时便立即执行，对高校来说看得见，可以更好地进行把握。而对于资本预算，是对未来高校建设而支出的预算，高校对于未来的发展并不能很好地把握。一项工程进行的时间较长，其中所用到的人力、财力和物力等都是高校在没实施建设之前所不能进行预见的，所以便需要绩效考评机制来"辅助"资本预算。由于我国目前并没有运用过绩效预算，对绩效考评只能从现有的资本预算项目中慢慢开始，一步步展开。

（二）绩效预算管理中的内容

资本预算中的绩效考评内容包括对项目实施过程和其完成情况的考评，两种考评的内容从名字中便可以得知，一个是对项目实施过程中进行跟踪评测，另一个是对项目实施完成后对完成情况及效果进行评测，这两种评测是必不可少的。在进行上述第一种评测时，从项目刚开始，到对其进行投资，再到各个阶段，直到项目结束之前，都需要对此项目进行认真的评测，保证项目的顺利完成。在此评测中，最重要的就是评价项目的效率性。在进行第二种评测时，着重对项目的有效性进行评测，有效性说的是项目完成后，与其刚开始制定的目标相比较，看看项目最后的效果如何。项目的有效性中最重要的就是评价管理的责任性。这项工作做好了，有利于绩效预算的实施。

高等教育学校是为国家培养人才的好地方，来自不同地区的人在那里进行思想交流，在知识的海洋中遨游。高校的建立是必不可少的，如何才能让高校发展得更好，培养更多的栋梁之材，就需要资金的支持。绩效考评机制对高校的预算水平起着很重要的作用，利用好它，会让高校在运作方面大大受益，不会为了资金而出现内部问题。对于两者的相结合，努力创造好每一个条件，积极进行改革。

第五节　基于预算绩效管理的高校基本建设预算内资金管理

全面实施预算绩效管理是建立现代财政制度的重要组成部分，是国家治理和财政预算管理的深刻变革。文章通过分析认为，高校在基本建设领域应树立绩效管理理念，以建设资金为绩效管理切入点，以建设成果为绩效管理导向，创新高等学校基本建设预算内资金管理模式。坚持权责对等，健全高校基本建设预算绩效管理制度，完善高校基本建设全覆盖预算绩效管理体系，建立高校基本建设全过程预算绩效管理链条，构建高校基本建设全方位预算绩效管理格局。

2018年9月25日，中共中央、国务院印发了《关于全面实施预算绩效管理的意见》（以下简称《意见》）。这是推进我国国家治理体系和治理能力现代化的内在要求，是建立现代财政制度的根本目标。高校要在3~5年的时间内基本建成全方位、全过程、全覆盖的预算绩效管理体系，凸显了时间紧、任务重、难度大的特点。基本建设是高校预算绩效管理的重要方面，高校基本建设的主要资金来源是财政预算资金，财政预算资金具有资金量大、资产占比高、建设周期长、管理风险较高等特点。所以，搞好基本建设预算内资金绩效管理是高校树立绩效管理理念、完善预算绩效管理体系、构建全方位预算绩效管理格局、优化财政资源配置、提升高校公共服务质量的关键。

一、基本建设预算内资金管理现状

（一）财政拨入的基本建设预算内资金管理存在问题

目前高校基本建设资金的来源主要有自筹资金、银行贷款和财政预算内拨入资金三个渠道，其中以财政预算内拨入资金为主要来源。财政拨入的基本建设预算内资金主要通过"基数"＋"增量"的方式来确定，并由教育行政主管部门下达给各高校。目前这种拨款模式主要存在以下问题。

1. 争"增量"

各单位各个时期基本建设的"增量"不尽相同，基础设施发展也不平衡。教育体制改革以后，国家的教育投入一直在提高，但各单位基础设施建设的缺口依然很大。由于以前一直重投入、轻绩效，这种政策导向助推各单位拼命争"增量"，使得基数过低、发展较快的单位一直为增量不足而努力，基数相对正常、发展较快的单位也在努力争取增加增量，基数相对较高、发展更快的单位对"增量"的诉求同样不减。争取预算"增量"几乎是各单位的共同诉求，项目资金申报时"头戴三尺帽，不怕砍一刀"常态化的状况很难扭转。

2. 努力"追加"

一般来讲，预算资金一旦确定就很难再变，但也不能一概而论。基本建设的预算执行过程中，最大的变数主要在合同的变更。近年来，尽管预算控制越来越严、核算越来越精确，除因增加辅助设施或附加配套设施建设等导致"追加"预算外，合同变更导致超预算也是常见的现象，而对合同变更管理的关键是签证。基本建设具有周期长、运作复杂、资金量大等特点，合同签订和执行过程中经常会出现未定事项或变更事项，这就需要合同双方通过签证进行确认或补充。基本建设所指的签证是在合同履行时，双方对设计变更、工期变化、质量要求变化、价格调整等达成一致的协议。其发生的类型主要有：一是因开工延期发生的签证；二是因工期延误发生的签证；三是因窝工、停工损失发生的签证；四是因价款调整发生的签证；五是因工程量确认发生的签证。承包人的常规做法是坚持"低中标、勤签证、高索赔"的原则，在基本建设过程中，任何工程没有签证几乎是不可能的，所以，进一步强化对合同变更管理，特别是加强对签证的管控，是当前基本建设预算资金管理的关键所在。

（二）高校基本建设预算内资金存在风险

高校基本建设项目因学科设置的差异对项目建设有不同的需求、标准和设计规范，高校的基本建设部门根据学校校园统一规划，结合项目使用单位的学科特点、用途、使用功能的多样化需求，进行定制型的工程设计、施工和设施配备等。部分高校为了多争取基本建设预算内资金，在项目前期准备工作不到位、可行性论证不充分的情况下，仓促上报建设项目的可行性研究报告；在项目开工准备工作尚未就绪的情况下，提前进行预算内建设资金申报、超实际支付能力上浮申报金额；为了赶超资金支付进度，部分高校匆忙进行工程采购、招投标工作，在合同条款中尽可能放宽工程款支付条件、提高工程预付款比例、提高工程支付进度款比例、缩减工程质量保证金比例等，加大了高校基本建设预算内资金的安全风险。由于工程前期设计、招标工作的仓促，在建设施工过程中不断变更、签证工程量，导致高校和施工单位双方项目竣工结算争议较大，建设资金难以顺利支付，建设项目实际执行进度与基本建设预算内资金的下拨时间、下拨额度不相匹配。

（三）突击花钱现象严重

由于高校预算内资金下年度支持额度与各高校当年预算内资金完成情况密切挂钩，为了获得更多国家财政资金的支持，部分高校采取各种措施确保当年预算内资金额度的完成，为了花钱而花钱。

上述问题有的是客观存在、无法避免的，但也有不少是政策因素和人为因素造成的，是可以通过继续深化体制机制改革、不断探索完善绩效考核评价体系解决的。

二、完善绩效评价体系，创新资金管理模式

（一）完善绩效评价体系

基本建设预算内资金绩效评价体系主要包括以下几种：以工代赈、以拨代核的简单评价体系；传统投入型预算考核评价体系；贴息型考评体系；以奖代补型考评体系；等等。这些评价体系尽管因历史时期和专项要求不同，其规则、指标、要求和目标不完全相同，但考核评价办法都比较单一。目前对高校的基本建设预算内资金以传统投入型预算考核评价体系为主。这种考核评价体系主要通过对竣工验收并交付使用或运营一段时间后的建设项目的相关资料充分整理后，向上级主管部门申报，上级主管部门指派专业评审机构运用指定的评价方法和指标，将所建项目的实际效果与申报资料、初步设计文件、审批文件、资金使用的规范性、效益性等进行比对与分析、合规性审核、目标性预测与审验、效益效果的判定等来考核与评价。由于对高校基本建设预算资金的绩效评价起步较晚、实践和理论研究不足、指标体系规范化程度不高、评价主体缺位等因素影响，造成事后评判多、定性问题多、人为因素多，突出体现为"重投入，轻绩效"。完善绩效评价体系要从制度评价体系、组织评价体系、指标体系、标准体系、评价方法五个方面入手。

（1）从制度评价体系看，就是要检查建设单位和建设项目是否做到全方位、全过程都有章可循，检查制度是否健全、执行是否有力，这是对建设周期内全程合法合规性的考核与评价。

（2）从组织评价体系看，大部分高校采用内设基本建设处室或基本建设办来承担本单位的基本建设任务。这种模式的最大优点就是专业水平高、信息顺畅、灵活性大、控制能力强、资金使用和质量控制把握性大。但正确运用代理制模式也是提高基本建设绩效水平的选择。如对那些规模较小、技术比较成熟的项目，建议采用项目公司介入的模式；对那些规模不大、项目较多的工程，建议采用项目部管理模式；对那些项目偏大、组织复杂的工程，建议采用代建制管理模式。这样既减少人力投入、分散决策集中控制，又有利于落实责任、提高市场化水平和绩效管理水平。对组织体系的绩效评价，就是要检查其机构是否健全、责任主体是否明确、模式选择是否经济高效。

AVEVA围绕着物理工厂、数字工厂、资产管理以及运营管理等方面不断地推演自己的产品，进行升级换代，获得数字化转型更大的利益。AVEVA在整个价值链上提供产品和解决方案，并且在每个解决方案上都有着沉淀、积累，是专注多年的软件、成熟的软件。未来AVEVA也会提供更多的集成服务，帮助客户打通企业内部的系统。

AVEVA 希望和客户共同挖掘，做好数字化转型。

（3）从指标体系看，当前正在使用的预算资金投入前、建造过程中和竣工后的指标体系还不够完善，人为可干扰的因素还很多，定性指标依然不少，指标间融合性、逻辑性不够强。要进一步明确绩效目标指标、方案决策指标、预算投入指标、过程管理指标、预期产出和预期效果指标，使之真正实现经济性指标、效率性指标、有效性指标的有机结合，形成评价体系内各关联指标环环相扣、互为因果的科学完善的有机整体。

（4）从标准体系看，标准是绩效考核与评价的标尺，各项指标是否完成、完成得好坏全部按照原先设定的标准来评判。由于各地基本建设标准不尽相同，实行统一的绩效标准体系难度很大，也不现实。受定性标准较多、定量指标有待完善等因素影响，建立科学的绩效标准评价体系还需要各界的共同努力。高校基本建设绩效标准体系建设要从评价队伍规范化建设、逐步增加量化指标、规范打分标准、明确各指标权重、规范评价报告等方面进行深入研究和实践探索，其目标是实现一致性、公平性、规范化和准确性相统一。

（5）从评价方法看，目前普遍采用的形式有委托评价和自评价两种。评价的时间一般为中期评价、后期评价或一次性评价。操作上一般采用打分制。笔者建议，有条件的部门和单位对定量指标进行大数据、电子化全程或阶段性跟踪评审评价；对制度体系实行立项前或预算资金拨入前预评价；适当消除行政化干预因素，增加市场化评价因素；对组织评价体系中模式选择等重要问题，可采用大数据、历史参考值和实际情况相结合的方式进行评价。

（二）创新资金管理模式

在资金管理模式上，对评审结果达标的建设项目，主管部门应当采取基本建设预算内资金归垫奖励的方式，将一定额度的预算内建设资金拨付到高校实有资金账户。由过去学校基本建设预算内资金教育行政主管部门先拨付后使用的模式，转化为对绩效评审确认通过的建设项目给予资金补偿、奖励的预算管理模式，从而实现高校基本建设预算内资金的绩效管理目标。主管部门在保证重点、确保基数的前提下，结合高校特点和实际情况，适当增加贴息、以奖代补比例，并完善考核和绩效评价体系。鼓励那些运作规范、想干事、能干事、干成事的单位优先创新发展。

三、以建设资金为绩效管理切入点，促进高校基本建设全方位预算绩效管理

基本建设项目是高校的主要硬实力，要管好用好基本建设预算内资金，促进和加

强高校基本建设全方位预算管理，就必须不断强化绩效管理。

（1）基本建设预算内资金项目绩效评审通过后，要予以适当的资金补偿，或者作为下一年度、以后项目预算的调增要素。改变当前高校基本建设预算内资金"撒胡椒面"的拨款方式，鼓励高校强化可持续发展的战略思维，注重校园建设的总体设计规划，避免高校为了争取财政拨款项目匆忙上马的草率行为。

（2）严把申报关、立项关。要引导高校基本建设部门重视项目建设的前期调研工作。主管部门要严把申报关、立项关，采用"一案两审"的办法完善严格的"入口关"。所谓"一案两审"是指主管部门、专家先对申报、立项进行评审，上级主管部门再对评审者的公正性、公平性、客观性、合规性进行再评审。帮助高校真正做到集中力量把钱用在刀刃上，鼓励高校建设出经得起时间、历史考验，突显高校实力、氛围、文化的经典之作。

（3）适当放宽资金管理和使用权限。项目建设资金由学校自有资金先行支付，预算内资金后拨付，将建设资金的管理、使用权限下放给各高校。这样，可以增强高校建设资金使用的自由度与灵活度，扭转现行基本建设预算内资金下拨时间、下拨额度与工程实际执行进度不相匹配的现象。

（4）权责对等，降低风险，提高效益。上述"先建后拨"模式，促使各单位增强例行节约搞建设的意识，引导高校关注项目施工过程中的变更、签证，规范高校建设施工合同的签订与管理，改变高校基本建设工程因图纸设计不到位、合同变更频繁、签证量过大、签订的合同条款有瑕疵等原因，造成工程付款有歧义、结算时讨价还价、工程造价核算审核久争不决、依靠谈判确认审计结果的现象，促进高校基本建设事权与支出责任相匹配，切实做到"花钱必问效，无效必问责"，降低高校基本建设预算内资金财务风险，提高资金使用效益。

四、几点建议

（一）坚持政策导向

2018年《意见》出台后，财政部一直在抓紧细化具体管理办法和具体操作规程，并积极会同各地和有关部门认真抓好贯彻落实，有效地保证了《意见》各项要求落到实处、发挥实效。希望今后出台的规则，要着眼于切实扭转"重投入轻管理、重支出轻绩效"的局面，把有限的高校基本建设财政预算资金向重点领域、重要学科、重大课题和重要人才培养项目倾斜，充分发挥预算资金"四两拨千斤"的效能。

（二）坚持结果导向

一般公共预算绩效管理体系中，要建立健全对高校基本建设预算内资金绩效考核和评价的相关规定，进一步完善相关制度、明确考核评价的组织体系、划清考核评价的范围和内容。对考核评价结果较好的单位，即对预算执行较好、投入产出比较高、管理规范、合法合规性全覆盖的单位，要给予政策倾斜，并给予实质性激励；对那些管理粗放、考核评价不过关的单位，要责令纠正错误，做到"立审立改"，并规定相应的惩罚措施，真正使预算管理、绩效评价一体化运作。

（三）完善权责对等机制

下放管理自主权的目的就是要使预算执行单位履职尽责，调动干事创业的积极性。但是，如果不明确并落实主管部门和具体预算执行单位的主体责任，制度就形同虚设，改革就会失败。主管部门和预算执行单位的主要负责人要对本部门、本单位预算管理的绩效负全责；各项目责任人要对所管项目预算管理的绩效负全责；要建立和完善对重大项目责任人绩效考核评价的终身责任追究机制。切实提高高校各级主管部门和责任主体的绩效意识和责任意识，真正构建起有权必有责、有责必担当、失职必追究的权责对等机制。

（四）抓关键环节

抓好关键环节是提升高校基本建设预算内资金绩效预算管理的有效手段。一般而言，可行性认证、申报、立项、预算批复、工程招投标、模式选择、合同变更及签证、工程造价审核、会计核算与管理、决算批复、绩效评价等都是很关键的环节。各单位情况不同，关键环节和关键点各有侧重，只有各责任主体坚持狠抓关键环节和关键点，预算执行、绩效管理才不会出现颠覆性错误。

（五）鼓励创新

经过多年来的实践探索，各地各部门对高校基本建设预算内资金绩效预算管理已经积累了丰富的经验和有效的措施，创新成果非常丰富。如资金拨付与管理模式的创新、预算内资金绩效评价体系的探索与创新、主体责任落实方面的探索与创新、责任追究方面的探索与创新、奖励与约束机制的探索与创新、重大项目责任人绩效考核评价终身责任追究机制方面的探索与创新等都取得了丰硕的成果。但是，创新永无止境。主管部门在"增量"上要对勇于创新、成果效果明显、经验便于推广的单位进行政策倾斜或一次性奖励，以便激发各单位干事创业和创新的热情。

当前高等教育经费来源还比较单一，资金多元化格局尚未形成，绝大部分高校的经费来源主要依靠政府财政拨款。完善学校财政资源配置、加强高校基本建设预算内资金绩效预算管理、提高建设资金使用效益，是高校全面实施预算绩效管理的关键，是我国实现高校人才培养发展战略的重要保障。

第六节 高校贫困生资助工作绩效管理体系构建

本节主要分析当前高校贫困生资助工作绩效管理的现状，分析高校贫困生资助工作存在的问题，通过绩效考核、构建信息化平台等方式解决高校贫困生资助工作中存在的问题，促进高校贫困生资助工作绩效管理体系走向成熟。

一、高校贫困生资助工作绩效管理的现状

随着我国教育的不断改革，各大高校形成了以奖学金、助学金、助学贷款、勤工俭学等为主体的学生资助体系。学校也成立了贫困生资助管理中心，帮助各学院开展学生资助工作。当前我国各高校在贫困生资助工作中还存在很多问题，需要学校进行改进，以提高资助工作的效果。首先，没有明确贫困生资助工作考核制度实施的目标。学校在贫困生资助工作中很多都是走过场，没有遵循考核应有的明确的准则。其次，在考核的过程中缺少标准的体系，导致考核工作无从下手，没有统一的标准，没办法保证考核的公信力。再次，在考核的过程中学校只注重结果而忽略了过程，学校一般都是根据各个学院上报的材料进行考核，与学院之间缺少沟通，对贫困生资助工作不清楚，影响考核结果。最后，在考核结束后，一般都是把结果通知给各个学院，学校很少会花时间去总结经验，导致贫困生资助工作中存在的问题一直没有解决。

二、高校贫困生资助工作绩效管理的构成

绩效考核的概念源于管理学，主要是为了有一套制度化的方法来衡量人们的职责，保证工作能够顺利完成。绩效管理是一个系统，它包括从绩效计划的制订到绩效考核的实施以及考核结果的应用，强调的是通过绩效管理可以有组织、有秩序地进行发展。

在高校资助工程中建立绩效管理体系，也是为了保证高校能够顺利进行工作。学校资助工作的绩效可以看成组织绩效，各个学院在实施工作中可以看成员工职责，资助工作的绩效应该对应员工的绩效。高校贫困生资助工作绩效管理体系的构成，主要包括以下五个部分：一是绩效计划。绩效计划是高校贫困生资助工作绩效管理体系的开始，有计划才能引导资助工作进行开展。贫困生资助工作的管理者和实施者要根据学校资助计划、学院贫困生的分布状况对资助工作进行实施，保证资助绩效管理有一定的参考指标。二是绩效实施。学校为了保证贫困生资助工作的实施，就需要确保资助工作按照计划进行。在进行资助时要保证学校、学院、学生之间的沟通，只有及时掌握学生的情况，才能发现资助工作中出现的问题，及时解决问题。三是绩效考核。

在贫困生资助工作中，绩效考核占据很大的位置，学校根据资助计划收集信息，学院对学生的情况进行分析和评估。四是绩效反馈。绩效考核结束后，学校和学院就会进行谈论。然后通过绩效反馈，认识到贫困生资助工作中存在的问题。五是绩效应用。学院可以按照考核结果应用到资助资金的投入上。

三、构建高校贫困生资助工作绩效管理体系的建议

（一）明确权责，建立管理组织机构

高校贫困生资助工作比较复杂，其中牵扯到很多问题。贫困生资助工作的流程主要有资金来源的主体、资助工作管理者、资助工作实施者以及资助对象等主体。在高校资助工作中，各个学院的管理者是资助工作的实施者，而学校既是资助工作的管理者，又是资助资金的主要来源。要想更好地了解贫困生资助工作，就需要明确贫困生资助工作中的权责问题。学校和学院在资助过程中分别担任资助工作的管理者和员工的角色，为了保证资助工作绩效管理体系的有效运行，就需要学校的资助管理中心承担好资助绩效管理考核的责任，各个学院也要设立管理机构保证贫困生资助工作能够顺利进行。贫困生也可以参与到资助工作中，及时向学校反映信息，保证资助工作的透明化。

（二）从贫困生的需求入手，制订资助绩效考核计划

在制订资助绩效考核计划时，首先要从贫困生的需求入手，制订不同的工作计划，保证最后"资助育人"战略的实现。资助绩效的制定需要掌握各学院贫困生的特点，然后深入了解贫困生的分布和贫困程度，例如，可以采取贫困生评议，让学生来进行评价。学校可以和学院进行沟通，然后根据贫困生的实际情况制订资助计划。资助资金除国家拨款、银行贷款以外，还可以向社会寻求帮助。让学校和学生能够全面认识，单靠经济的资助是很难完成的，还需要学生多从自己的生活入手，找一些勤工俭学的工作，既能帮助学生解决生活问题，还能提高学生的生存技能，促进学生的全面发展。

（三）转变工作方法，提高管理绩效

在高校贫困生资助工作绩效管理中，为了保证各个阶段的工作都能得到及时整理，就需要转变工作方法。在资助工作实施过程中，需要学校、学院与学生之间相互沟通，然后建立比较系统化的资助工作管理标准，如贫困生认定制度、资助资金管理使用制度等，然后通过这样的方式来规范资助工作。高校在发放贫困生资助金时，不要抱有发放完之后就没事的观念，要保证学院能够花时间去了解学生的动态，当发现贫困生拿到资助金后做一些不符合资助要求的事情时，要进行管理，保证资助金能够被合理利用，帮助贫困生完成自己的学业。在资助的过程中，学校可以与学生签订协议，保

证学生有计划地去使用这笔资助金，让学生能够在日常生活中积极向上，利用资助金提升自我，促进自身的全面发展。学院也要引导学生，对学生进行科学的评估，对于不合格的学生在次年资助金的发放上可以进行及时调整，提高管理的效率。

（四）根据资助绩效计划，建立健全绩效考核体系

贫困生资助工作的绩效目标具有现实性、全面性和综合性的特点，所以在建立绩效考核体系时要结合贫困生资助的指标，这样能够保证高校各学院之间做出客观公正的评价。良好的资助绩效考核体系主要包括学生对于资助的满意程度、受资助学生的学习生活是否得到改善、资助工作运行的指标等。资助工作成效最主要体现在学生对资助工作的满意度，这个能够衡量资助工作的公平性。贫困生接受资助主要是为了改善他们当前的物质生活，只有改善了物质生活水平，才能够让他们有更好的机会去学习，追求他们的精神需求。学校管理者要多与学生进行沟通，保证获得更全面的资助信息，让学院可以把日常资助工作汇报给学校，可以给学校提供更科学的数据。

（五）利用现代科技手段，建立贫困生资助管理体系

为了建立更全面的贫困生资助管理体系，就需要利用现代科技手段。结合现代信息技术进行信息收集，分析资助工作中存在的问题，把数据输入管理平台中，有助于存档，保证资助的情况有记录，保证以后的资助工作绩效管理的开展。高校可以在贫困生资助工作管理系统中分别建立贫困生档案数据库、资助资金来源管理模块、各类资助资金发放管理模块、对学生在校情况进行管理等。通过这个管理系统，让学校能够掌握各个学院资助学生的情况，然后根据各个学院提供的资助对象的信息，分析资助对象的情况，进而提高资助学生工作的效率。

综上所述，为了保证每位学生都能够有机会上学，实现教育公平，贫困生资助体系在我国教育改革中应运而生。要想有效地进行贫困生资助工作，就需要高校管理人员从多方面对资助工作的现状进行分析，找出问题所在，构建全新的工作绩效管理体系，给高校贫困生资助工作的评估提供合理的建议。

第七节　高校财务"目级预算与控制"管理的应用

高校财务精细化管理和财务信息公开的推进，促使高校在财务预算与核算改革方面需要有新的突破。《高等学校会计制度（征求意见稿）》进一步细化了高校会计核算制度，明晰了事业单位核算标准和方法，加强了高校教育成本核算。"目级预算与控制"应现代高校财务管理环境的变化而生，为高校财务预算管理和经费绩效考评提出了新的思路。

财务预算是高校财务管理的重要内容。长期以来，高校财务预算与会计核算脱节，导致资金预算估计不足，财务预算松弛，经费调整随意性增大，会计核算监管不足，财务预决算差异较大。近年来，高校教育成本核算逐步深化，绩效财务观念深入人心，切实加强高校预算管理已成为实现高校有限资源的优化配置和提高资金使用效益的重要任务，也是符合当前国家加大教育经费监管，提高经费使用效益的根本要求。

一、高校财务预算管理研究回顾

一直以来，高校财务预算是社会较为关注的问题。自 1999 年以来，我国先后出台了《中国教育规划改革和发展纲要》《中华人民共和国教育法》《中华人民共和国预算法》《事业单位财务规则》《高等学校财务制度》《国家中长期教育改革和发展规划纲要》《高等学校会计制度（征求意见稿）》等一系列法规制度，明确了高校预算的管理体制、原则、编制、决算等内容，建立起"以财政拨款为主、其他多种渠道筹措教育经费为辅"的体制，从而在体制上为高校实施综合财务预算奠定了基础，确立了高校预算的基本模式。理论界对此也做了不少研究，从不同角度探讨了高校财务预算中存在的问题，提出了各种解决的思路和办法。总的来说，主要集中研究了高校财务预算的管理模式、财务预算管理方法、财务预算精细化管理等方面。

（一）预算管理模式

刘海峰、李霁友将我国高校财务预算管理改革划分为预算创建、调整阶段，预算改革、巩固、提高阶段，预算深化和不断完善阶段，针对不同阶段提出了计划经济体制下单一的财政拨款支出预算模式，社会主义市场经济体制下的校级综合财务预算模式，知识经济时代由校级综合财务预算向涵盖学校除基建、产业外全部资金收支过渡的综合财务预算模式。美国学者卡尔·坎道里和加里·沃根克在《学校预算和你：学校校长启蒙书》中提出了校本预算模式，将战略管理思想与预算管理模式相结合，构建全新的高校财务预算模式。

（二）预算管理方法

一般而言，预算编制有基数预算、弹性预算、滚动预算、零基预算、复式预算等方法。长期以来，高校财务预算编制基本依据"基数 + 增长数"，往往因基数的过于固定和增长数的估计不足导致年度预算与实际决算差距预算调整频繁。随着高校财务预算研究的深入，在预算管理方法上有了进一步的改进。赵善庆提出了高校预算应当实行以零基预算为主、滚动预算为辅的预算编制方法；杨爱平等介绍了零基预算管理定额计算法、成本效益分析法等具体编制方法；刘锦明引入了全面预算管理的理论与方法；刘丽提出了高校预算管理须引入绩效预算。

（三）预算精细化管理

精细化财务管理是高校财务管理发展的必然趋势，而精细化预算是其中的重要内容。黄婕等提出了高校财务预算精细化管理，落实到每个部门和项目，建立全面的工作流程和业务规范，发挥预算职能。赵善庆指出了高校财务预算要遵循"大收大支"原则，构建"全口径"预算，同时也要做到精细化管理，细化预算编制内容，提高资金效益。

然而，由于受诸多历史因素的影响，我国高校财务预算管理仍然存在不少问题。例如，预算部门责任不明确，经费申报信息不对称；预算编制方法缺乏科学性，编制手段落后；预算指标不确定因素较多，随意性控制弱；预算调整频繁，执行缺乏严肃性；预算绩效考核不完善；等等。所以，进一步探讨高校财务预算，改进预算管理方法和手段，对加强经费预算管理，提高资金使用效益有着积极的意义。

二、"目级预算与控制"的提出

2007 年，我国政府收支分类改革迈出了重要一步，财政部门按照新的政府收支科目进行预算编制，标志着我国财政预算体制改革不断走向深入。根据 2007 年正式实施的政府收支分类改革，我国现行收入、支出分类采用了国际通行做法，收入分为"类""款""项""目"四级，同时使用支出功能分类和支出经济分类两种方法对财政支出进行分类。支出功能分类科目按由大到小、由粗到细分"类""款""项"三级科目。以教育类为例，如类级科目为"教育（205）"，款级科目有"普通教育（20502）、职业教育、成人教育……"（10 个款），而项级科目中普通教育有"……高等教育（2050205）、其他普通教育"。而政府支出按经济分类（费用性质、用途及管理需要）分为基本支出、项目支出、经营支出等支出。基本支出、项目支出按经济分类进一步细化为工资福利支出、商品和服务支出、对个人和家庭补助支出、债务利息支出、基本建设支出等相关支出。

2009 年 8 月 31 日，根据财政部发布的《关于推进财政科学化精细化管理的指导意见》相关规定："细化预算编制，提高预算年初到位率。细化基本支出和项目支出预算编制，逐步实现'一上'预算编制全部细化到'项'级科目和落实到具体执行项目……使项目预算做到实、细、准。"同时，要求"对教育、医疗卫生等涉及民生的重点支出，细化到所有'款'级科目。对其他支出也要加大改革力度，逐步列示到'款'"。政府支出经济分类细化到"类""款"两级，使得经费支出落实到具体的支出内容。例如，工资福利性支出划分为 301 类，而其相对应的"款"划分为 01 基本工资、02 津补贴等。

由此可见，"目级"概念源于政府收支分类科目中收入科目"类""款""项""目"四级中的"目级"，相当于政府支出分类"款"的名称，同时也与会计科目中的"目"相近。

"目"包含三层含义：一是政府收入分类的"目"，是预算级次概念，表示最明细的意思；二是借用政府支出"款"的名称，表示费用名称，实现会计核算与预算科目统一；三是会计核算科目中的"目"。"目级控制"意味着从经费支出的具体经济内容进行控制，以更好地反映、监控预算经费的流向。

会计科目直接法核算与会计科目的辅助核算：

会计科目是会计核算的基础，是根据不同的经济内容对高校资产、负债、所有者权益、收入、支出等会计要素作进一步分类的类别名称。每一个会计科目明确反映一定的经济内容，科目和科目之间在内容上不能相互交叉，它分为总账科目（一级科目）、明细科目（二级、三级……）。会计科目按经济分类确定类别名称，与上述政府支出经济分类的"类""款"相对应，由此使得财务预算与会计核算实现对接，便于预算下达、执行，做到预算编制准确、科学，同时也便于财务决算。为了满足核算和监管，一般高校财务都设立了会计科目辅助核算账务，即每个会计科目设置与之相对应的若干辅助项目，如部门、项目、数量、外币核算等，辅助项目对所设会计科目进行更为明细的项目核算，这些项目是会计科目监管职能的延伸，从而有利于实现经费分配。值得一提的是，会计科目辅助核算与预算编制、预算管理、预算指标下达中的部门、项目相对应，实现预算管理与会计核算有机结合，从而促进经费监控和财务信息质量的提高。

三、"目级预算与控制"的意义

随着《国家中长期教育改革和发展规划纲要》和"十二五教育发展规划"的实施，国家财政资金预算管理体制改革逐渐深入，生均财政拨款逐年递增，同时国家对高校经费监管力度的增大，积极推进"三公经费"（因公出国（境）费、公务接待费、公务用车购置和运行维护费），加快高校公务卡业务的推广，经费绩效考评纳入议程。探索和改进高校预算管理方法，重视会计核算基础，提高财务信息质量已迫在眉睫。目级预算与控制是适应现代高校发展需要和财务管理上升到新的阶段的客观需求。

（一）有利于进一步加强预算资金核算，规范会计核算监管

长期以来，高校经费预算"两张皮"，预算脱离学校实际，缺乏科学论证和调研，预算收入增长乐观，预算执行松散，资金成本效益意识缺乏；预算与会计核算脱节，监管不足，经费使用随意性突出，人员经费和招待费支出比重较大。"目级预算"在于细化预算，根据一定的比例，将可预算经费按照刚性支出项目和计划使用项目作进一步划分，限定到用途的类别。"目级控制"则强调在执行目级预算方案中，通过设定的指标限制来对经费支出进行监管，防止超预算经费支出。

（二）有利于控制教育经费成本，提高资金使用效益

高校教育成本的核定是高校收费制改革的需要。一直以来，理论界对高校教育成

本补偿与分担政策、教育成本核算指标体系等有较为深入的研究。然而，由于高等学校会计制度影响，经费核算上实行现金收付制，未对固定资产折旧，应收及应付款不计时间价值，成本核算口径不一致，会计科目和经费项目设置无法准确归集经费使用情况。"目级预算与控制"在经费成本核算思想指导下，对纳入预算经费做了初步的划分，同时经过核算控制使得经费支出对应于每个成本核算科目和项目，既为教育经费成本的核定奠定了良好的信息基础，也为控制教育经费成本中的随意性支出创造了条件，更有利于资金使用效益的提高。

（三）适应财务信息公开，进一步促进财务信息透明化

近年来，高校财务信息公开成为国家和社会关注的问题，"三公经费"则是高校财务信息公开的重要内容。基于财务预算与核算的脱节，高等学校会计制度本身的不足，在日常会计核算中，经费收支信息归集往往存在模糊性，使得财务信息质量受到较大影响，同时也不利于对经费的管理和绩效考评。目级预算与控制通过预算编制方法，对经费的使用方向进行了条件设定，并对经费支出的内容和标准做了规定，确保了财务信息的准确性、透明化，也便于财务信息的及时提取和分析。

（四）适应高校财务精细化管理的需要

2009 年 8 月 31 日，财政部印发了《关于推进财政科学化精细化管理的指导意见》，要求实现财务科学化、精细化管理。目级预算与控制是经费管理预算和会计核算精细化的基础。目级预算与控制利用财务信息化手段，将经费分配与核算细化到"目"级，经费预算中对各种项目经费的使用额度进行测算，并通过核算控制对经费使用管理，最大限度地对经费进行跟踪监控，从而提高资金效益。

四、"目级预算与控制"应用中应注意的问题和有待解决的问题

（一）应注意的问题

目级预算与控制的应用，切忌"一刀切"，注重区别对待处理经费项目。一般而言，目级预算与控制内容主要包括商品和服务支出项目、工资福利性支出、其他经费支出、其他。

1. 商品和服务支出项目

商品和服务支出项目是指单位在履行事业任务活动过程中，购买商品（不包括形成固定资产的商品）或接受服务（不包括固定资产购置、建造服务，如设备安装、基建施工）而导致的财务支出。商品和服务支出与"三公经费"紧密相关，是国家重点监控的内容。商品和服务支出项目实行目级核算后，需要设置办公费、招待费、差旅费、

公务用车费、会议费、培训费、出国费、劳务费、其他等目级科目。对于基本支出的教学单位基本业务费、其他业务费，教辅单位业务费、管理部门的公务费，按固定比例安排。鉴于专项支出经费专款专用和严格绩效考评的因素，可按经费使用方向进行科学论证，按 A、B、C、D 优先排序，对预算安排额进行拆分，分重点和次重点予以监管。

2. 工资福利性支出

工资福利性支出是指单位支付给在职职工的所有现金（含银行转储款）或以现金形式的劳动报酬，包括工资性支出与福利性支出两个方面。由于工资福利性支出（基本工资、津补贴、绩效工资、其他人员支出）、对个人和家庭补助支出（离休费、退休费、助学金、医疗（保）费、住房公积金）等项目，因政策标准或考评标准的执行，遵守专款专用原则，以及项目本身的不可细分和互斥性，其本身具有控制功能，可在当年预算中不再编制比较明细的目级内容预算。

3. 其他经费支出

其他经费支出，如债务利息支出、基本建设支出、其他资本性支出（自筹基建、土地购置、设备费、图书费、修缮费、软件系统）及其他支出，属于专款专用范围，有可依据的标准，可在当年不再编制比较明细的目级内容预算。

4. 其他

目级预算与控制并不针对所有经费，比如单列的目级名称才控制，"其他"不控制；对以前年度结余经费不进行目级内容分解及控制；部分项目只涉及部分目级科目（如无公务用车的部门，或某个项目，如保安工资、师资培训费、招生费），没有涉及的目级费用，原则上转至"其他"费用中；目级额度之间原则上不得转换。

（二）有待解决的问题

1. 预算经费各目级分配比例的科学合理性

目级预算改变了过去对公用经费、业务经费划块预算，细分成办公费、差旅费、车费、资料费等经费支出项目，然而，各项目之间的分配比例如何确定，有待进一步研究。即使以某学院或职能部门以往几年的历史数据分析求出的比例，每年除常规性的业务支出外，仍然存在多种不确定因素，包括外在的对外交流业务增加、仪器设备折旧期限满、学科建设发展、学院年度工作重点变化，以及经济发展水平、物价水平等因素。

2. 目级预算和目级核算的信息初始化

目级预算指标的下达意味着目级核算经费的划拨。然而由于目级预算形成的经费分配的细化，面临着较大的工作量，如何将目级预算指标数批量导入目级核算的目级科目下，则是当前有待解决的技术问题，以节省人力、财力和物力。主要包括两个方面：

一方面升级原有的会计账务系统，按照新的会计制度重构增设目级科目名称及编码；另一方面在原来的一个预算项目下新设数个目级名称及目级码，并按目级名称、编码及指标额度划转到会计核算对应的辅助核算项目中，妥善处理以往年度的财务数据。

3. 重新核定新会计核算环境下的报账要求

目级预算与控制的应用，需要新的会计环境奠定基础。主要包括：① 重新设置、印制费用报销单，增设目级科目栏目；② 经办人按目级内容及额度填报；③ 严格按费用性质所属的目级进行审批和账务处理；④ 项目总额度不得超支，各目级科目额度不得超支，由计算系统自动控制。

第八节　高等学校自设专项建设经费管理及绩效考评

专项经费是学校经费的重要组成部分，这部分经费的投向对于学校各项事业发展，特别是专业性很强的特色建设非常重要，对应的各类专项经费来源渠道很多。除来自外部的各类专项经费外，高等学校自设的专项建设经费（以下简称自设专项经费）也是专项经费的重要补充。这部分经费指为实现学校某一发展目标或者完成特定的工作任务，由项目实施单位提出，报校主管部门审核，报请校财经委员会评议，经学校党委会审议批准同意，由学校财务安排，在一定时期内具有专门用途的资金。由于这部分经费是在学校部门预算中列的专项经费，历来会引起所属部门竞相申请争取，但由于没有足够的重视，导致预算申报与规划相脱节，有些项目缺乏科学论证，管理不规范，只重视向学校要钱，以至于争取到以后的使用效益低下及建设成果不佳。由于没有规范的过程管理和绩效评价观念，结果是年年申请年年投，缺乏监管和制约，势必会产生浪费且效果不佳。如何规范管理这部分经费，使学校有限的资源配置到合理的优势学科、项目中，以达到学校设立专项经费的初衷呢？笔者从以下几个方面阐述。

一、严格自设专项经费资金审批程序

从严格意义上讲，高校的自设专项经费也是国家财政资金，是国有资产。由于各单位都非常重视各类专项经费的争取，一般都会集中人力立项申请，力争学校投入支持。笔者认为使用这部分经费设立的专项建设项目也应该有严格的申请审批程序。首先，必须服从学校的发展大局；其次，由各建设单位根据学校每年的重点建设工作，从实际出发，结合自身能力，提出设立项目的可行性研究报告；最后，经主管部门组织专家评审、报请学校批准立项。

二、加强自设专项经费的管理

（一）高校的各主管部门应对学校自设专项建设项目的全过程进行管理

学校的专项经费由各单位的业务主管部门（教务处、学生处、研究生院、学科办、科技处等，无主管部门的可经主管校领导审核）统一向校财经委员会报送。主管部门的主要工作职责如下。

（1）负责自设专项经费的设立、调整和撤销。专项经费的设立应当依照法规并符合学校长远利益和各项事业发展。主管部门对各建设单位提出的申报设立专项的材料（申请材料中应当提供绩效目标和可行性研究报告）进行汇总，分别对各单位提出的专项建设的必要性、可行性、资金规模和绩效目标进行论证，结合学校的总体发展规划，向学校财经委员会提出拟立项目录，做到统筹兼顾，防止重复建设。在专项建设过程中，根据实际情况由建设单位提出申请，可做适当调整，但分配到各主管部门的专项经费总量不得突破。对于在建设过程中未经批准擅自改变资金投入方向，或无正当理由不能按期完成的专项建设，主管部门可向学校提请撤销该专项建设，并追究相关人员的责任，同时对该部门后续提请设立专项建设时予以监督。

（2）负责专项建设项目经费的二次分配。学校批准设立的专项建设项目一经确立，财务处负责其经费初次分配到主管部门，主管部门再进行二次分配。在资金的二次分配过程中，主管部门要充分调研并反复研讨论证，力求使资金合理分配到各个专项建设项目上，并将分配结果进行公示。最后将确定的二次分配方案报送财务处，财务处负责下达各项目经费指标。

（3）负责专项建设项目的监督和检查。当专项建设开始后，主管部门要随时跟进建设的进度，定期抽查建设情况，包括硬件建设和软件配套设施的检查及人员培训状况，力求建设完成即刻能发挥作用。

（二）确保自设专项经费资金的使用效果

（1）自设专项经费纳入预算管理，专项建设项目经费目录应当作为学校编制年度预算草案的重要依据。

（2）自设专项经费应当专款专用、量入为出，注重发挥引导和杠杆作用。

（3）自设专项经费支出预算可根据具体情况按年度或分年度安排，支出涉及基本建设投资的，按基本建设程序办理。

（4）主管部门应严格执行自设专项经费支出预算，按批准的专项经费使用项目的计划和内容组织实施，不得无故滞留、拖延二次分配，不得将专项建设经费用于工资福利和公用经费等一般性支出。

（5）财务部门应当在规定时间内拨付自设专项经费，不得无故滞留、拖延专项经费的拨款。

（6）各项目执行单位应当按规定的用途使用自设专项经费，未经批准，不得变更项目内容或调整预算。确需变更项目内容或调整预算的，应报请主管部门审核批准，原则上不能突破下达经费的限额。

（7）主管部门应定期将自设专项经费的执行情况向财务部门反馈，同时抄送校审计、监察部门。

（8）对于主管部门管辖范围内的自设专项经费，根据各项目建设进度形成的间隙资金，主管部门可在项目之间进行统筹安排、合理调度，提高资金使用效益，但预算下达的经费总量不得突破。

（9）撤销或调整预算形成的自设专项经费结余，财务部门应当及时收回。

（10）自设专项经费按规定形成的各类资产均属于学校国有资产，应及时办理入账手续，统一归学校资产部门管理。

三、加强自设专项经费的绩效考评

绩效考评是对经费投入成绩或成果的测评，本质上是一种过程管理，其目标是通过考核发现问题、修订计划、改进工作，从而实现专项建设经费投入效益的最大化。高校在部门预算中设立自设专项经费的目的是提高资金投放的专业性、有效性，现实中也需要引入绩效考评制度，这也是优化高校资源配置的必由之路。

（一）绩效考评的内容

1. 自设专项经费执行的规范性

规范性是指专项经费从申请、批准、调剂、使用的每个环节和流程都有一定的规矩和标准。对应的就是专项经费在使用的全过程中是否符合相关法律法规，有无超指标、超计划（在主管部门范围内按批准调整的除外）或自行扩大开支范围、提高支出标准以及截留、挪用问题。

2. 自设专项经费的安全性

专项经费是财政资金、国有资产，其安全性是不容马虎的。必须严格遵守学校专项经费有关申领支出的相关规定，在经费执行过程中实行"一支笔"签字，由项目成员共同监督，财务收支公开，严禁违规支付大额现金及随意挪用专项经费。

3. 自设专项经费执行的有效性

（1）自设专项经费预算执行的刚性度。专项经费预算在编制时要经过充分论证和审核，力求预算的公正性及刚性度。项目结束后，财务部门要依据专项经费项目申报书、经费项目预算批复文件、年度预算文件、建设项目计划书，检查专项经费执行结果与预算的相符程度，进行对比考核，分析预算执行中出现偏离的原因，评价预算编审的合理性和预算执行的严肃性。

（2）经费执行的失真度。对建设项目经费决算反映经费预算执行结果的真实度进行考核，分析失真原因，评价项目预算执行的真实性和完整性。

（3）经费执行的有效率。通过对建设项目经费预算执行结果进行综合性考核后，分析专项经费的保障力度和经费结构的科学性、合理性，评价经费执行的实际效益。

绩效考评的初衷和最终目的都是要规范和加强对项目经费使用的日常管理和监督检查，从而使各经费申请单位树立全局意识，使项目申报减少盲目性和浪费。

（二）自设专项经费绩效考评指标

（1）专项经费到位率。专项经费到位率＝考核期实际到位的专项经费金额／考核期预算计划收入金额 ×100%。取 15 分分值。

（2）专项经费支出比率。专项经费支出比率＝考核期实际专项经费支出额／考核期预算计划收入金额 ×100%。取 15 分分值。

（3）专项建设项目完成质量。主要依据项目立项申请书所列预期达到的目标和效果，逐项检查是否达到计划任务的要求。取 50 分分值。

（4）专项建设项目的社会效益。主要考评项目是否达到计划确立的相关经济效益指标，是否产生相应的社会效益，如计划未将上述两项效益同时实现的，可考核其中一项。取 10 分分值。

（5）专项经费的使用情况及设备采购方式。主要考核专项经费是否专款专用，是否符合项目要求及国家有关财经制度，项目设备采购是否依法实行了政府采购，是否符合相关招标等规范要求。取 10 分分值。

考评结果实行百分制，90 分以上为优秀，80 分以上为良好，70 分以上为合格。

（三）绩效考评的组织实施及考评流程

（1）建立自设专项经费项目绩效目标管理机制和绩效评价体系，对学校的专项资金开展全过程绩效管理。

（2）财务部门负责自设专项经费预算绩效目标管理工作，检查各主管部门开展的专项经费绩效自我评价工作，对专项经费绩效实施评价和再评价。各主管部门对其主管实施的自设专项经费绩效先行实施自评价。

（3）财务部门应同主管部门制定自设专项经费绩效评价办法，办法应包括绩效目标、对象和内容、评价标准和办法、组织管理、工作程序等主要内容。

（4）自设专项经费执行届满后，财务部门应当会同资产管理、纪检及审计部门对建设项目进行绩效评价，并向学校财经委员会或相关校级会议报告绩效评价结果，同时接受全校员工的监督。

（5）自设专项经费绩效评价结果应当作为学校以后年度预算安排和完善预算管理的重要依据。

四、建立责任追究机制

（1）未经批准设立专项经费或未经批准延长专项经费执行期限的，财务部门可报请学校财经委员会或主管财务的校领导批准，撤销该专项经费，并收回相关资金。

（2）有下列行为之一的，财务部门责令改正，调整有关会计科目，追回相关资金，限期退还违规所得，情节严重的，在1~3年内禁止申报学校自设的以及其他各类专项经费资金。

① 未经批准调整自设专项经费使用范围或者金额的。

② 以虚报、冒领、伪造等手段骗取自设专项经费的。

③ 未执行自设专项经费项目支出预算的。

④ 未经批准变更项目内容或调整预算的。

⑤ 将自设专项经费用于工资福利和公用经费等一般性支出的，由财务部门责令改正，调整有关会计科目，限期退还相应款项。

⑥ 对自设专项经费形成的国有资产未按规定纳入国有资产管理的，由学校资产管理部门责令改正，并对相关单位通报批评；情节严重造成国有资产流失的，按照法律、法规处理。

⑦ 各相关部门工作人员，在自设专项经费管理过程中滥用职权、玩忽职守、徇私舞弊的，依法追究行政责任；构成犯罪的，依法追究刑事责任。

第五章 新时期高校财务管理绩效评价体系理论研究

第一节 高校财务预算与绩效管理

通过对我国预算绩效管理发展历程的梳理，分析高校预算绩效管理存在的问题。这些问题主要为预算绩效理念尚未筑牢，预算绩效评价的责任主体模糊，预算绩效管理体制不健全，预算绩效评价指标体系缺乏适用性。基于以上分析提出要筑牢高校预算绩效理念的要求，明确高校预算绩效管理各环节的责任主体，健全高校预算绩效管理体制。通过改进高校财务预算绩效管理，提高高校预算资金的使用效率和增强效果，促进高校治理水平不断提升。

当前，我国经济正由高速增长转向高质量发展。在这个转变发展方式的关键时期，国家财税体制改革不断推进，预算管理制度持续完善，全面实施预算绩效管理的必要性和紧迫性越发凸显。高校财务工作只有紧跟新时代新形势的要求，才能为高校的管理和服务提供良好保障，促进高校治理水平不断提升。

一、预算绩效管理的发展历程与内涵

（一）预算绩效管理的发展历程

自 20 世纪 90 年代后期现代绩效管理的理念在我国萌芽以来，绩效管理在实践工作中的运用逐步深化。从 2000 年开始，湖北、北京、湖南、河北、福建等地率先进行了支出绩效评价的小规模探索。2002 年，财政部印发了《中央本级项目支出预算管理办法（试行）》，提出对财政预算资金安排项目的执行过程实施追踪问效制度，并对项目完成结果进行绩效评价。自此，绩效管理的理念不断融入我国的预算管理之中，两者相互促进、密不可分。

预算绩效管理在我国大致经历了四个发展阶段，各个阶段的预算绩效管理目标和评价方式有所不同，具体如下。

（1）萌芽探索阶段（20世纪90年代后期—2002年）。财政部发布了《中央本级项目支出预算管理办法（试行）》，提出要通过绩效评价来提高财政资金使用效益。

（2）试点实施阶段（2003—2010年）。党的十六届二中全会提出要"建立预算绩效评价体系"，财政部出台了《中央级行政经费项目支出绩效考评管理办法（试行）》《中央政府投资项目预算绩效评价管理办法》《财政扶贫资金绩效考评试行办法》《中央部门预算支出绩效考评管理办法（试行）》《财政支出绩效评价管理办法》。这一系列具体的评价管理办法虽然扩大了绩效评价的试点范围，但是这一阶段的预算绩效管理目标仍是提高财政资金使用效益。

（3）稳步推进阶段（2011—2016年）。财政部出台了《关于推进预算绩效管理的指导意见》《预算绩效管理工作规划（2012—2015年）》《预算绩效评价共性指标体系框架》，提出要推进全过程预算绩效管理、建立比较规范的绩效指标体系、启动绩效目标执行监控试点，这一阶段的预算绩效管理目标已逐步转向提升政府公共服务的质量和水平。

（4）全面实施阶段（2017年至今）。中共中央、国务院出台了《关于全面实施预算绩效管理的意见》，提出要基本实现绩效目标全覆盖、扩大绩效运行监控范围、全面实施绩效自评、大力推进重点项目绩效评价、加大绩效信息公开力度。这一阶段的预算绩效管理旨在完善预算绩效管理顶层设计，推动财政资源配置效率和使用效益不断提升，提高国家治理能力。

我国的预算绩效管理从萌芽探索阶段发展到全面实施阶段，其目标从提高财政资金使用效益发展到提升政府公共服务的质量和水平，再发展到提高国家治理能力，其方式也从单纯的支出绩效评价发展到全过程预算绩效管理。在上述发展过程中，预算绩效管理将绩效评估、目标管理、运行监控、评价、结果应用等与预算编制、执行和监督深度融合，逐步实现预算和绩效管理的一体化。

（二）预算绩效管理的内涵

预算绩效管理是指为确保国家预算资金规范运行而进行的一系列组织、调节、控制、监督活动的总称。预算绩效管理是一种以支出结果为导向的预算管理，它强调预算支出的责任和效率，要求在预算编制、执行、监督的全过程中更加关注预算资金使用的产出和结果。与传统预算管理的外部控制相比，它更加强调预算单位自强不息、自求发展、自我创新的内部控制。

二、高校财务预算绩效管理的发展现状

自财务预算绩效管理理念引入以来，我国在预算绩效目标管理和实现程度监控、重点项目绩效自评和第三方评价、绩效评价结果的运用等方面都取得了一定的成果，

预算绩效管理水平和财政资金的使用效益不断提升。

近年来，财政对高等教育的投入力度逐年加大。2015 年，全国教育经费总投入为 32 807 亿元，其中高等教育经费总投入为 8 694 亿元；2018 年，全国教育经费总投入为 46 135 亿元，其中高等教育经费总投入为 12 013 亿元。2015—2018 年，全国教育经费总投入增长了 40.63%，高等教育经费总投入增长了 38.18%，年均增速均超 10%。目前，我国经济已从高速增长阶段转向中高速增长阶段，财政收入增速减缓，财政收支呈现近平衡状态。在此背景下，国家出台了一系列方案，通过全面实施预算绩效管理来优化财政资金配置效率和使用效益。在国家财政收入增速减缓的大背景下，高等教育只有全面实施预算绩效管理，才能不断优化高等教育资源配置，提高资金使用效益。按常理来讲，高校预算支出由紧到松容易，而由松到紧难。由于未来一段时间充分保障教育经费投入对比以前相对更为困难，高校必然会经历一个较为坎坷的转变过程，而迈过这个坎的关键就在于高校良好的预算绩效管理。虽然我国的预算法和相关的预算绩效管理文件从宏观上为预算绩效管理提供了一定的政策依据和指导方向，但是高校的业务和财务有其特殊性，目前针对高校预算绩效管理的专门性文件尚未出台，高校预算绩效管理缺乏统一的参考标准。目前，高校在全面实施预算绩效管理的过程中出现了以下问题。

（一）高校预算绩效理念尚未筑牢

从开展绩效评价以来，高校逐渐认识到要提高资金使用的绩效，但是在预算的具体执行过程中，往往还是会重支出，忽视绩效。这突出表现在高校普遍关注增量资金的增长，而忽视已有存量资金使用的优化。

（二）高校预算绩效评价的责任主体模糊

对于高校的预算绩效评价，是评价预算主管部门，还是评价预算执行者，并没有明确的界定。目前，高校的预算绩效管理评价往往针对整个过程，而且没有明确的责任划分，既评价预算管理的过程，又评价预算执行的过程，这就难以确定高校预算绩效管理中究竟是哪个环节存在问题。这种笼统评价得出的结果必然也是笼统的，缺乏实际指导意义。

（三）高校预算绩效管理体制不健全

目前，高校预算绩效管理的相关要求基本是由上级主管部门逐层下达到各个高校财务部门。而预算绩效管理并非只有财务部门参与，它是一项系统性、全局性的工作，需要财务、业务各个层面的相互配合与深度合作。财务部门并非预算执行者，却"被迫"接下了预算绩效管理的工作，在这种体制下的高校预算绩效管理质量难以提升。

（四）高校预算绩效评价指标体系缺乏适用性

高等学校与行政单位、中小学和中职院校都不相同，然而上级主管部门制定预算绩效评价指标体系时往往没有考虑学校的特殊性，而是简单按照中小学甚至是行政单位的评价指标进行评价。另外，预算绩效评价指标往往要求量化，而高校的很多活动是无法量化的，如对学生活动和实践能力培养的投入、对学校后勤保障建设的投入、对学校安防的投入、对教师培训的投入、对教师科研的投入等。这些投入与学校的可持续发展息息相关，但是将短期绩效量化的难度较大。

三、高校财务预算绩效管理的改进措施

（一）筑牢高校预算绩效理念

归根到底预算管理、绩效管理，都是由人进行的，只有筑牢预算管理和执行过程中参与人员的绩效理念，调动每位参与者的积极性，才能真正变被动为主动，激发高校预算绩效管理的生命力。首先，预算管理人员在拨付资金时，要根据项目的执行进度和资金使用情况来合理确定拨付时间和金额，减少资金拨付中间环节，确保资金及时准确地拨付到位。预算管理人员对预算执行情况进行评价时，不能以执行进度作为唯一的评价指标，也要关注资金使用与项目进度的匹配程度，做出合理评价。其次，预算执行人员要改变以往单纯"把钱花完"的粗放执行方式，在执行过程中统筹规划，合理安排好各项开支，既保证项目的执行进度和效果，又充分考虑资金的使用情况和成本节约，做到项目有效果、用钱有效率。

（二）明确高校预算绩效管理各环节的责任主体

预算主管部门的责任应明确如下：明确预算执行的范围和有关规定，及时下达相关要求；加快预算下拨进度，减少中间环节；制定符合实际情况的评价指标，客观合理地监督和评价预算项目的进展与预算资金的使用情况。预算执行部门的责任应明确如下：按照申报的进度有序开展项目，合理合规使用资金；在项目执行过程中遵守主管部门的相关规定和要求；达到项目申报时的预期效果，如未达到，出具详细合理的说明。

（三）健全高校预算绩效管理体制

高校预算绩效管理并不单纯是财务部门的事情，而是同时涉及高校财务和业务主管部门。高校财务部门主要负责对预算项目资金的使用情况进行管理，高校业务主管部门主要负责对项目的进展情况进行监控。因此，直接向资金管理和业务管理中的任意一方传达要求都是不全面的。预算绩效管理的相关要求应直接向高校下达，由高校加强管理，确保财务、业务主管部门和项目执行人提高认识，按各自职责范围厘清思路。

具体来说，高校财务部门要根据各项目的具体情况和要求，调剂各项目资金的分配和使用，加强资金管理；高校各业务主管部门要把预算绩效管理融入常规工作中，主动对负责的各项业务制定详细的实施目标和计划，做到事前统筹安排、事中实时监督并反馈意见、事后主动评价，将评价结果运用到下年度业务开展中。各项目执行者在执行过程中，要主动向项目主管部门反馈项目进展情况和后续阶段任务，向财务部门反馈资金使用情况和后续阶段的资金需求。高校财务部门、业务主管部门和项目执行者之间要充分沟通，实现上下间和平行间联动。

第二节　高校全面预算管理绩效评价

党的十九大报告提出："建立全面规范透明、标准科学、约束有力的预算制度，全面实施绩效管理。"这对建设高效、透明、责任政府，提高公共财政支出绩效有了更高的要求。预算绩效管理是建立在财政资金使用时全程效果评价为支撑的预算管理重要内容，它是预算单位由管理型向服务型转变不可或缺的环节。预算本质是支出责任划分和公共预算资金匹配行为，体现了公共预算资源分配的基本诉求，是预算部门履职情况的客观反映。高校应当充分有效地利用公共预算资源，切实履行好人才培养、科学研究、社会服务、文化传承创新等各项社会责任。

一、构建高校预算绩效评价管理体系的意义

（一）构建现代高校内部管理的实际需要

高等学校始终要努力为国家培养具有知识经济时代特征的知识型、创新型复合人才，要始终坚持以习近平新时代中国特色社会主义思想为指导，认真学习贯彻二十大精神，落实教育部对高等教育的规定和要求。我国高等教育质量水平近年来不断提升，人才强国、科教兴国的战略不断深化，同时也面临着新内涵式发展的挑战。必须要坚持充分利用财政预算资金，在牢抓全面提高人才培养能力的同时，确保教育资金管理的经济性、效率性和效益性，即处理协调好目标与投入、投入与产出、产出与目标之间的相互关系，切实履行人才培养与科研等各项社会责任。

（二）加强政府宏观管理的客观需要

积极的财政政策要加力提效，实现促进就业、维护社会稳定、发展经济、保持经济稳定增长，最终实现社会总供求平衡的目标，就必须实施绩效管理，使财政资金花得其所、用得安全。预算绩效评价是现代财政制度建设的有机组成部分，并非可有可无，而是为有效开展绩效管理提供支点，有助于预算单位支出预算科学的决策和有效执行，

有助于发挥财政在国家治理中的基础和支柱作用。全方位评价单位管理、项目产出及绩效目标对应的效益，给今后财政资金的统筹规划提供客观有效的依据。

二、高校预算绩效评价管理的现状及问题

（一）重预算编制轻执行结果现象严重

作为落实人才培养与科教兴国的重要主体，对我国高校全面实施绩效评价，是推进绩效预算管理和体现责任主体的必由之路。目前我国高校过分注重对事业工作的投入，轻视资金使用后的效益，教育经费的申请量与经费使用效益难成正比。财政部对教育经费的拨款逐年增加，2018 年度全国高等教育经费总投入为 12 013 亿元，比 2017 年增长 8.15%。其中，普通高职高专教育经费总投入为 2150 亿元，比 2017 年增长 6.16%。另外，在高校教育经费使用末端缺乏实质性的绩效评价考评机制，并进行问效追责，也很少根据绩效考评统筹考虑下一年度的资金使用计划。当前，高校对财政预算绩效评价重视度是远远不够的。对绩效目标进行效果评价是全过程预算管理的重要手段。依据各项目设定的绩效目标，预算绩效管理主体应通过建立有效的评价标准和评价方法，对财政资金使用的整体效果进行客观评价。各个高校不仅要重视预算的编制，还要重视结果，兼顾预算执行的全过程。

（二）监督检查制度不完善，缺乏评价结果奖惩机制

高校执行预算绩效评价是高等教育管理体制不断完善、教育经费合理有效配置、提高财政资源使用水平的必要手段。随着我国高等教育工作快速发展，人才培养、教育教学、科学研究等各项支出都需要财政资金作支撑。但是预算执行结果评价在现阶段很难推行，缺乏相关的法律法规作支撑，有关高校预算绩效全程监控管理的法律规范少之又少。我国高校预算支出追责问效越来越流于形式，年度绩效评价只是被当作任务来完成。要实现我国高校预算绩效管理的长远发展，要加强预算绩效评价监督检查制度，构建有章可循、有法可依的财政预算绩效管理法律规章体系势在必行。对高效完成预算资金使用、高度匹配绩效目标、高质量产生社会效益的高校，应当在后续财政资金拨款上予以倾斜。对高校预算资金使用效率低、与原定绩效目标偏离甚远、造成教育资源重复配置的高校，应当采取必要的措施，用相应的政策法规公正地督促预算单位使用好教育经费。

（三）预算绩效评价体系不完善

目前，我国高校预算绩效评价还处于发展阶段，评价工作缺乏针对性、有效性。对项目基本情况介绍过于宽泛，有的与部门历史资料没有区别，文字内容重复空洞，缺乏评价者的独立思考与归纳提炼。预算编制与执行对应度不够，没有细化明确到活

动内容上，经常性项目缺少近年来的预算安排和实际使用情况。此外，项目实施管理流程不清晰，项目立项、实施管理、监督验收等过程职责梳理清晰度不够。绩效的评价指标定义不够准确或者解释不清，评分标准不够具体明晰、层次不清，权重的设置科学性、合理性不够。高校内部评价机构缺乏规范的评价程序和质量控制体系。评价的内容和目标值与我国高等教育内涵式发展情况有较大差异，缺乏明显体现高校办学理念的特殊指标。预算绩效评价体系不完善，将难以推进评价工作的具体实施。

三、高校预算管理绩效评价的思路与方法

从年度预算计划的编制到确定，再到进行资金使用，直至最终完成，预算完成的是一种契约关系。使用公共资金的高校应当承担相应的公共责任。资金流动的过程是责任转换的过程。而目标是公共预算预期实现公共价值的体现，目标需要与各高校及其各部门职能相匹配，注重产出和效果。没有目标就没有预算。预算支出完成的过程，也就是绩效目标实现的过程。绩效评价是对公共责任回应的过程，是判断公共责任是否落实和开展履职问效的重要依据。全面实施预算绩效管理要将预算与责任、目标、绩效有机统一起来。绩效的评价不仅要注重结果的评价，还要关注绩效管理全过程的评价，全程管理。

（一）建立绩效评价结果公开与问责制度

全面实施预算绩效管理，建立全方位、全过程、全覆盖的预算绩效管理体系，离不开结果公开与问责。通过对各高校执行预算情况的评价和考核，将评价的结果作为延续性或新申请项目的财政资金分配依据，让财政资金真正用到实处，让预算不流于形式。应当在高校或部门自评的基础上，由财政管理主体组织重点评价，形成评价的结论，实行反馈与整改。包括绩效目标与战略规划、高校发展计划的适应性、投入管理、资金使用、效益等情况。将预算绩效评价结果纳入考核，能促进预算单位更好地履行效能、高效地使用财政拨付的预算资金。通过采取全过程绩效评价结果信息公开的方式，主动接受监督，是财政资金管理未来的发展趋势。对于资金使用效能低下、与预先设定的绩效目标偏离甚远、造成财政资金浪费的预算单位，应当采取相应的惩罚措施，针对评价结果督促整改，完成预定目标，并严格控制其他项目的申请。

（二）评价指标的选择

绩效评价类型，按照评价时间顺序划分，包括绩效目标编报审核、预算立项评审、运行跟踪评价、支出结果评价；按照项目类型划分，包括政策类、活动类、设备购置类、工程建设类、政府购买服务类等五大类。绩效评价的维度选择有多种，在坚持针对性、有效性、客观性、合理性、导向性等原则的基础上，还可以根据高校实际事业安排情况，做出个性化、针对性的指标设置。将定性指标与定量指标相结合，以定量指标为

主,指标的框架结构统一,高等教育单位行业个性指标作为补充。行业指标值应当细化,并且结合各个高校的实际情况进行充分测试。最终做出的有效评价,应当具备充分显示项目取得的成绩和经验,揭示存在的问题和需要改进的地方,考察和验证部门年度绩效计划目标的完成情况和实现程度。

(三)评价标准的确定

评价利用公式法、直线法进行定量评判,用定量的思维解决评价问题。绩效评价的指标分值要与行业的数据、历史的数据、区域性、上级文件规定一致,如执行率标准、知晓度等。在评价的基础性底稿中要对评价指标的定义有具体清晰的解释,达到真正一目了然。基础的数据口径要统一化,评价的指标要横纵向可比。具体评分规则层次要清楚、有逻辑性、合理性、可操作性。评价人员要秉承公正客观原则对预算项目评价计算。必要时,评价管理要增加财政资金使用满意度调查,对与项目关联度高的对象以问卷或访谈的方式进行补充评价,对象的选择要体现广覆盖和代表性。问卷与访谈的内容要与项目实施的内容一致,具有较强的针对性和相关性,问题设置要便于回答并体现层次性。

(四)评价方法的确定

预算绩效评价要注重成本效用分析,这种分析方法也称为经费使用有效性分析,是一种通过发生的成本与达到效果进行多方案比较的经济评价方法。一方面要评价它的显性成本与效用,另一方面还要考量它的隐性成本与效用,从两个维度来核算财政预算支出的整体成本效用。显性成本与隐性成本的总和构成总成本。财政项目总的收益减去总成本,就是所构成的项目净效用。实施成本效用分析,才能科学说明绩效目标的合理与预算编制的科学。成本效用分析主要是通过运用价格分析、敏感度分析和机会成本分析等方法,对成本构成的关键因素数量和成本率以及可能会影响关键因素成本率变化的内化因素进行比较分析,判断其合理性与有效性。

(五)加强信息数据平台建设

在当前财务管理信息化的大趋势下,加强全面预算绩效管理相关数据平台建设是必要手段。其一,在整体预算的全过程中进行财政资金使用情况跟踪监控,能及时准确地反馈预算项目的实施进展,如出现评价与原定绩效指标出入较大,有非正常的情况时,数据平台可以有效反映并发出预警;其二,在平台中建立合理有效的预算绩效评价标准或者样式,将各个部门的数据信息统一融合,解决信息"孤岛"问题,减少信息摩擦,避免在绩效评价过程中掺杂过多的人为因素,造成数据失真,确保了预算绩效管理的真实有效性。

提高财政资金的使用效用是实施预算绩效评价的最终目的。实施预算绩效管理,构建全方位的绩效管理格局,对财政资金全程链条式管理,在预算编制、执行和监督的每一个环节都非常重要。关键点是注重成本效用分析，考察支出结果和政策目标的实现程度。要坚持高校整体支出绩效的评价立足支出、以财评事，建立有效的预算绩效评价，明确实施主体责任，在明确有效的政策指引下管理财政预算资金。全面实施预算绩效管理，通过预算分配和实际使用体现财政价值。绩效评价的过程，就是对财政资金拨付回应的过程，同时也是判断高等教育机构社会责任是否落实和开展履职问责的重要依据。提高高校预算绩效评价水平，对促进我国高等教育健康发展具有重要意义。

第三节　高校二级部门财务管理绩效评价

自 21 世纪初期开始，随着我国社会主义市场经济体制的建立和完善，我国财政管理体制开始了重大改革，改革的目标是建立与市场经济体制相适应的公共财政体制，改革的方向包括部门预算、国库集中支付、收支两条线、政府采购、绩效评价以及参照国际惯例改革政府预算收支科目等。《教育部 财政部关于"十一五"期间进一步加强高等学校财务管理工作的若干意见》（教财〔2007〕1 号）第二条用标题指出：进一步深化改革，建立与公共财政体制和现代大学制度相适应的高校财务管理体制与运行机制。由此，高校的财务管理和公共财政体制改革与绩效管理应紧紧联系在一起。

一、关于高校财务绩效的一些表述

随着公共财政体制改革的不断深入，绩效评价已经成为公共财政体制改革的重要组成部分。

2003 年 10 月 14 日，中国共产党第十六届中央委员会第三次全体会议通过的《中共中央关于完善社会主义市场经济体制若干问题的决定》第 21 条指出："推进财政管理体制改革。健全公共财政体制，明确各级政府的财政支出责任……凡能纳入预算的都要纳入预算管理。改革预算编制制度，完善预算编制、执行的制衡机制，加强审计监督。建立预算绩效评价体系。实行全口径预算管理和对或有负债的有效监控。加强各级人民代表大会对本级政府预算的审查和监督。"

2010 年 6 月 21 日，中共中央政治局审议并通过的《国家中长期教育改革和发展规划纲要（2010—2020 年）》第五十八条的标题为"加强经费管理"。其中规定："建立经费使用绩效评价制度，加强重大项目经费使用考评。加强学校国有资产管理，建立健全学校国有资产配置、使用、处置管理制度，防止国有资产流失，提高使用效益。"

2007 年 1 月 15 日，《教育部 财政部关于"十一五"期间进一步加强高等学校财务管理工作的若干意见》第二条第十二款规定："高等学校应建立绩效考核和追踪问效制度，提高资金的使用效益。"

2011 年 6 月 29 日，国务院发布的《国务院关于进一步加大财政教育投入的意见》第四条第二款指出："全面推进教育经费的科学化精细化管理……建立健全教育经费绩效评价。"

上述文件均对教育的财政性资金绩效提出了建立评价制度或评价体系，对绩效的具体概念有以下两个文件。

2011 年 4 月 2 日，财政部新颁布的《财政支出绩效评价管理暂行办法》对财政支出绩效评价的定义为："指财政部门和预算部门（单位）根据设定的绩效目标，运用科学、合理的绩效评价指标、评价标准和评价方法，对财政支出的经济性、效率性和效益性进行客观、公正的评价。"

2011 年 7 月 5 日，财政部发布的《财政部关于推进预算绩效管理的指导意见》第一条指出："预算绩效是指预算资金所达到的产出和结果。预算绩效管理是政府绩效管理的重要组成部分，是一种以支出结果为导向的预算管理模式。"《财政部关于推进预算绩效管理的指导意见》第三条指出："预算绩效管理是一个由绩效目标管理、绩效运行跟踪监控管理、绩效评价实施管理、绩效评价结果反馈和应用管理共同组成的综合系统。推进预算绩效管理，要将绩效理念融入预算管理全过程，使之与预算编制、预算执行、预算监督一起成为预算管理的有机组成部分，逐步建立'预算编制有目标、预算执行有监控、预算完成有评价、评价结果有反馈、反馈结果有应用'的预算绩效管理机制。"

上述两个文件分别从财政支出的绩效评价、预算绩效管理两个方面进行了表述。财政支出的绩效评价是进行全面的评价，侧重于对支出结果的评价；预算绩效管理是从预算的源头到执行的结果进行管理评价，将绩效理念融入预算管理全过程，侧重于从预算的角度进行绩效管理。

二、对高校财务管理绩效评价的认识

上述关于高校财务绩效几个方面的表述，主要针对财政性资金，特别是对教育资金从绩效角度对预算的管理、支出的控制、结果的评价、过程的监督等的规定。从高等学校的财务管理角度看，《教育部 财政部关于"十一五"期间进一步加强高等学校财务管理工作的若干意见》第一条第三款对高等学校的财务工作的目标表述为："高等学校财务工作要通过体制改革、机制创新、制度完善、队伍建设等措施，实现'权责明确、行为规范、管理严格、监督到位、运行有效、服务优质'的目标，为着力提高高等教育质量服务，为培养创新型人才服务，为增强学校科技创新能力服务，为构建和谐社会服务。"据此，对高等学校财务管理进行有效的管理，是实施财政支出绩效评价、预算绩效管理的基础。上海市教委的下述文件为高等学校开展具体的财务管理提供了政策和理论依据。

2010 年 10 月 27 日，上海市教委发布的《上海市教育委员会关于在市教委所属高校试行财务管理绩效评价工作的通知》第一条指出："开展高校财务管理绩效评价，是为了将财政投入与高校绩效考核相衔接，更好地发挥财政性教育资金政策导向作用。通过试行该项工作，引导和激励高校加强财务管理，实现高校财务管理工作的科学化、规范化、精细化。"

三、对开展高校二级部门财务管理绩效评价的设想

《国家中长期教育改革和发展规划纲要（2010—2020 年）》明确指出："要健全以政府投入为主、多渠道筹集教育经费的体制，大幅度增加教育投入。"高等学校的经费投入得到了保障。随着经济的发展和公共财政体系的建立，财政支出的规模日益增大，如何加强财政支出管理，强化支出责任，提高财政资金使用效益，已经成为社会普遍关心的问题。

高等学校教育经费作为公共财政支出中的重要组成部分，应当在各项财政支出中起到率先垂范的作用。在这种背景下，高等学校应当通过内部管理制度创新来适应新形势的发展。在高校内部推行二级部门财务管理绩效评价，即通过制定科学、合理的绩效评价指标体系对学校二级部门的财务管理状况进行评价，是提高高校整体财务管理水平、优化支出结构、规范资金使用的重要手段。

（一）开展高校二级部门财务管理绩效评价的目的

2011 年 9 月 19 日财政部发布公告，公布部分中央行政事业单位 2009 年至 2010 年上半年预算资产财务情况检查结果。公告称，高校及科研院所财务管理问题比较突出，高校及科研院所预算资产财务管理较为薄弱，预算编制不完整、不真实，财务管理问题比较突出，个别高校还存在"小金库"等严重问题。要避免出现上述问题，除财政部、各省市教育主管部门加强对高校的管理外，高校应加强内部财务管理，推动财务管理制度创新。其中一个重要的途径就是通过建立科学、合理的绩效评价体系、对学校二级部门的财务管理情况进行评价。

我国《高等学校财务制度》第六条规定：高等学校实行"统一领导、集中管理"的财务管理体制；规模较大的学校可以实行"统一领导、分级管理"的财务管理体制。在办学规模较大的高校中，在下放财务管理权中普遍采用"集中核算，分级管理"的原则，但这种模式不可避免地使高校财力分散，削弱了大学整体财力和竞争力，而且二级部门经费管理机制在财务实践中具有双重身份，其行政管理由其所在的单位负责，

财务处只对其进行业务指导，这弱化了财务处对二级部门经费管理的监管作用。同时，随着高校经费来源渠道增多和金额逐年增加，各二级部门可支配的资金不断上升，开支项目不断扩大，如何保证二级部门理财、用财的规范性，改变其只单纯"用财"而不"理财"的局面，强化二级部门的经济责任，以提高资金的使用效益，是校院两级财务管理中亟待解决的问题。

在此背景下，学校应强化自身的监管功能，采取有效措施，强化二级部门的支出责任，督促其提高资金使用效率，保证二级部门的发展方向与学校战略方向相一致，为实现学校发展目标提供财力保障。笔者自 2010 年起积极探索适合本单位的二级部门财务管理绩效评价机制，经过近三年的工作和实践，逐步形成了一套较科学、合理的高校二级部门财务绩效管理评价体系，并在实践中达到了预期效果。

（二）高校二级部门财务管理绩效评价指标体系设计

在 2011 年 9 月 19 日财政部发布的公告中，被查的高校和科研院所在财务管理上出现的主要问题表现在：一是会计机构不健全，会计人员配备不足，个别单位会计基础工作薄弱；二是预算编制和执行不够规范；三是一些单位资产管理基础薄弱、固定资产核算不实等问题较为突出；四是部分事项的会计核算不实等。

鉴于高校在财务管理中存在的问题，高校的财务管理工作应在纵向上进一步延伸，在横向上完善高校内部财务管理的系统性，逐渐形成一个立体式的财务管理体制。为使高校的财务管理理念不断向纵向拓展，在横向上建立起"大财务""大资产"的管理体系，为杜绝或克服上述财务管理的问题，高校二级部门的财务管理指标评价体系应有针对性，应根据高校目前财务管理的重点以及高校自身管理的实际状况，反映财务管理中最突出、最重要的方面。为此，可从以下三个方面设计评价指标：预算管理、会计基础工作规范、其他综合财务管理指标。同时，为严明财政纪律，可设置否定性指标。

1. 预算管理

预算管理是高校财务管理的一个重要组成部分，是高校进行各项财务活动的前提和依据，规范二级部门预算管理行为，可充分发挥预算的分配和监督职能，强化预算管理的严肃性和预算执行的约束力，合理配置办学资源，提高资金的使用效率。预算管理中应主要侧重于预算编制的科学化、精细化，预算编制程序的规范化，预算执行情况，预算经费投入绩效，等等，总体权重为40%。

（1）预算编制的科学化、精细化（10%）。主要考核预算编制是否符合学校及本单位的发展规划和相关财经法规，编制预算依据资料的充分性，对已有情况、资产状况的清晰程度；预算编制是否完整反映了二级单位财务收支的总貌，预算结构是否合理，项目库项目的申报是否完整，项目预算是否有详细的预算细目，等等。

（2）预算编制程序的规范化（10%）。主要考核预算编制是否实施民主决策、集体讨论，上报预算是否经部门领导班子集体决策；预算调整是否经过批准以及预算调整的比例与频度；预算编报的及时性；预算编制说明是否全面反映了本单位本年度预算编制工作的全部内容，是否反映了本单位年度工作计划的重点与困难，是否对上年预算执行（决算）分析，等等。

（3）预算执行情况（10%）。主要考核二级部门预算收入的完成率、预算支出与预算的契合情况、预算支出执行有关政策的情况、预算支出的完成情况等。

（4）预算经费投入绩效（10%）。主要从预算经费投入后的结果角度考虑，考核预算经费投入的效果。

2. 会计基础工作规范

加强会计基础工作，实现会计基础工作的规范化、科学化，有助于提高学校会计管理水平，充分发挥会计在学校财务管理中的作用。会计基础工作规范考评主要侧重于经济业务发生的事前、事中、事后的办理与控制，以及经济业务的发生符合财务会计制度的情况，涉及二级部门岗位设置及人员管理、内部控制制度、执行财务规章制度情况等，所占比重为30%，具体情况如下。

（1）岗位设置及人员管理（10%）。主要考核二级部门领导对财务管理岗位的重视程度，以及财务管理岗位设置和相关人员的业务培训情况。

（2）内部控制制度（10%）。主要考核二级部门在财务管理中的内部控制以及制度建设情况。

（3）执行财务规章制度情况（10%）。主要考核二级部门对财务规章制度的执行情况，包括原始凭证管理、票据管理、往来款管理等。

3. 综合财务管理指标

对于综合财务管理，主要侧重于考核二级单位的教育收费规范性，固定资产管理，年度财务决算，财务管理、服务特色与优势，等等，所占比重共为30%，具体指标如下。

（1）教育收费规范性（8%）。主要考核二级部门的收费项目是否经批准，是否存在不规范收费情况；代办性收费是否做到明码标价、按成本收费，是否建立台账；是否实行公示制度、公示程度等。

（2）固定资产管理（8%）。主要考核二级部门固定资产的管理机制、运行机制、管理人员配备、执行效果等。

（3）年度财务决算（8%）。主要考核二级部门对年度财务决算报告编制情况、财务信息公开情况等。

（4）财务管理、服务特色与优势（6%）。主要考核二级部门财务管理的新思路、新措施，以及为本部门提供服务的手段、方式等。

4. 否定性指标——"小金库"治理

随着二级部门办学经费来源从单一财政拨款到多渠道筹资的变化，如果不健全财务管理制度，必然会在高校内部滋生"小金库"现象。"小金库"的存在不仅扰乱了高校内部正常的财务管理秩序，而且成为干部违规违纪的诱因。因此，有必要把"小金库"的治理情况放在特别重要的位置，根据学校监察部门的工作报告，对出现"小金库"现象的部门直接取消其评比资格，并作进一步严肃处理。

四、对高校二级部门实施财务管理绩效评价的几点思考

结合自身开展二级部门财务管理考核的实际工作情况，关于如何使财务管理绩效评价工作在提高高校管理水平上发挥重要作用，有以下几点思考。

（1）绩效评价要实现常态化，每年一次，不能间断，只有这样才能使各二级部门始终绷紧财务管理科学化、规范化这根弦，促进各单位在平时工作中落实科学、规范的管理。

（2）绩效评价流程各环节要严格把关，重点是要加强二级部门提供材料的审核，一个重要手段就是财务、审计、监察等部门加强联系，采用联席会议的形式，以财务、审计、监察各部门对二级部门监管的工作记录作为重要客观材料，避免弄虚作假等不良现象的出现。

（3）要鼓励先进、鞭策后进，最终实现你追我赶、齐头并进的形势。一方面，树立先进典型，推广涌现出的好事例、好做法；另一方面，要将考核结果与该部门下一年的预算挂钩，后进的要酌情减少其预算额度。

（4）年度财务管理绩效评价与财务管理专项治理工作的评价相结合，积极开展固定资产管理绩效评价、"小金库"专项治理等专项考核工作。

（5）财务管理绩效评价指标体系要与时俱进，并且是开放性的，要针对出现的突出问题不断完善。

高等学校财务管理目标的实现，受到高校内部二级部门财务管理工作的制约。通过开展二级部门财务管理绩效评价，直接推动高校内部财务管理机制，强化二级单位的支出责任，督促其提高资金使用效率，也使二级部门的财务在"大财务"的管理体系下更加规范，经济责任制落实到位，财务监管不放过死角。

第四节　高校预算资金使用控制与绩效评价

高校财务管理的核心问题就是高校办学的效益问题。目前，高校财务管理多以预算为基础，预算制是一种系统的管理方法，有助于高校优化配置有限的办学资源，提高资金的使用效率。在构建高校预算管理体系时，引入绩效评价机制，可以提高高校

预算管理水平。高校年初根据各项业务需求及事业发展制订安排年度资金预算，基本坚持收支平衡、优先保障、量入为出等原则，预算以定额为基础。其实质表现为对全年业务运行所需保障性估计。而在预算资金执行过程中，财务主管部门往往缺少对二级预算部门资金使用上的监督与控制。也就是说，二级预算部门按各项目预算定额使用完成，其结果表现为预算资金执行情况良好。但资金使用的合理性得不到评估，即资金使用一般不予质疑，预算资金使用权、监管权全部下放给二级预算部门的负责人。高校财务主管部门对预算资金的执行间接地传递出认可或信任。这在严格意义上讲是高校财务管理部门在内部控制工作上的失职。长此下去，易造成直接的经济损失、资金对事业发展贡献率低下、滋生腐败现象等问题。为此，高校对预算资金的使用控制与绩效评价工作显得尤为重要，通过预算资金的使用控制与绩效评价，可以有效提高项目预算经费执行的规范性、安全性及有效性。

一、预算资金使用控制

（一）部门预算额度控制

按有保有压的原则，对各部门申报的各项业务费预算额度设定的合理性进行科学论证，防止二级单位仅仅担忧资金使用缺口而随意增加额度的预算申报，既有效保障，又节约控制。

（二）部门办公经费使用控制

一般情况下，各高校都在预算中列出行政部门或二级学院的办公经费，或统筹估计设定或按人均数额设定。而这一部分预算资金的使用通常用于办公用品杂项购买上，各部门用项上基本趋同。如打印纸、墨盒、记录本、笔、档案袋（盒）、订书机、计算器等，年年趋同，各部门也趋同，且不论其是否存在套现等问题。针对此情况，高校可采取相同、共性支出项目实行统一招标措施，指定由中标公司提供各种办公物品，学校按实际购领数量总额统一汇款，并在各部门该项预算资金中按实际划出。这样既便于资金用项控制，也便于内、外部审计，同时也便于年终的资金使用绩效评价。

（三）办公设备的购置与维修控制

随着高校对办公条件的不断改善，办公所需的设备更新日益加速，电子设备更新换代速度较快，个人对办公设备的高配置追求也随之不断增加。例如计算机、打印机等电子产品的更新往往表现为个别功能的增加与提升，而使用单位却整机、整批地淘汰、新购。更有高校甚至以此种更新作为改善办学条件的政绩写入报告或总结。从某种意义上讲，这种不适宜的更新，其实是变相的浪费，针对此类现象，高校可同样采取招标合作伙伴单位。由招标选择的电子产品服务公司负责对全校范围内的电子办公设备进行适时维修提升，提高计算机的运行速度、扩大内存等，无须更换计算机，只需在原计算机上做功能上的更新提升，完全可以保障一般的办公功能。对于特殊用途的计算机，或不能维修的计算机，由该公司根据实际情况出具弃旧购新报告。这样可以改变以往下属部门提出更换申请，学校财力允许、论证无力即整批弃旧换新的现象。目前各高校电子阅览室、计算机中心、电算化实验室计算机的拥有量非常大，少则几百台，多则几千台，如不加以控制，资金浪费性投入将十分巨大。

（四）科研项目申报设备购置控制

科学研究是高校功能之一，科研项目的多少、层次水平、到位资金都是高校的重要关注点。而每个项目在申报时总经费中仪器、设备采购经费往往不是论证的着眼点，因为科研项目资金是向上级申请的。不同年份的科研项目或不同项目中却经常出现个别仪器、设备相同，时间一长，项目一多，仪器设备就会因科研项目的增加出现单一性过剩，相对形成科研经费的浪费。为此，高校在科研项目申报组织上，应采取相对措施，注重论证，以已有的仪器设备作为平台配套支持，科学调整项目资金结构，减少重复性浪费。

（五）基建项目预算资金控制

近年来，各省对省直高校无论在科研平台、人才培养平台建设上，还是在基础设施修建上都给予了力所能及的资金扶持。而绝大多数的基础设施修建项目通常由高校申请项目预算资金，承建方（招标产生）实施完成。高校在项目规划设计上，努力做到科学、适用、有效，防止追求高端档次。在基本概算的基础上，由第三方合作伙伴单位（有资质的造价公司）进行项目造价，并在项目书上强调主要材料的标准标定，防止中标方以低价低质的主材使用而造成项目质量下降，从而降低项目预算资金的目标效能。

二、预算资金使用绩效评价

（一）完善预算资金使用绩效评价体系

高校根据自身财务管理实际情况选择资金支出绩效评价方法，如平衡计分卡、层次分析法（AHP）、模糊综合评价法与模糊积分评价法等绩效评价方法；成立由纪检、质量监控中心、教务、学工、后勤等多部门人员组成的绩效评价小组，也可由学校内部控制工作领导小组担负资金使用绩效评价工作。不仅对学校整体预算资金使用绩效进行评价，同时要对各个二级预算部门进行资金使用绩效评价，其评价结论作为下一年度的预算资金奖惩性调整的依据。切实增强二级预算部门资金管理意识与水平，从根本上真正提高资金使用效能，为学校各项事业的发展提供良好的资金保障支持。

（二）部分人员经费的使用绩效评价

（1）激励性资金的使用绩效评价。人才引进是高校师资队伍建设的一个重要方面，优越的激励条件是吸引人才、留住人才和激励人才的主要手段。例如，很多高校只关注了某一学历层次人员的"稀缺度"而给予按月发放的"××津贴"，成为长期的激励政策，为此，这部分资金自然而然地进入了年度预算中。对于奖励机制要充分考虑其政策的合理对称性，更要注重管理学中的"海豚原理"，做到及时奖励，而不是时时奖励。奖励的着眼点应是"做出了什么"，而不是"可以做到什么"。针对成果和结果应进行及时奖励。例如科技进步奖、突出贡献奖、重大发明奖、科技成果奖等，是可以考评的，有质级和量级的标准参照，而津贴类的激励资金缺乏结果或效果的依据，只是依托头衔或学位的期望，月月给予津贴发放，难以做出评价，易造成激励变福利。

（2）师资队伍建设性资金的使用绩效评价。师资队伍建设是高校永远的话题、永远的努力。访学、培训是提升教师素质能力的主要措施。用于此类业务的资金也就逻辑地永远的相对短缺。其使用效果评价也突显重要。也就是针对出访（国内、国外）、交流、培训后的人员本身进行效果评价，例如，出访报告、汇报；培训结果汇报、学述报告；或以工作改革成效、产出产品等来反映效果评价。

（3）刚性支出与设备资产类资金的使用绩效评价。高校一般刚性支出通常表示水、电、暖支出费用，设备资产类通常指生产设备、实验设备等，水、电、暖等刚性支出费用的评价，可以通过节能、节约来反向反映。而设备资产类支出可以通过设备的产出产能或使用率来反映绩效评价。

（4）校园卫生绿化资金的使用绩效评价。绝大多数高校的卫生绿化工作由本校后勤部门负责，每年度的卫生绿化费以预算多采用定额的方式，而具体的各项支出很少论证或控制。最终的校园美化绿化效果也很少系统评价。对于高校绿化经费预算，无论是本校后勤部门执行，还是承包绿化公司执行，都应以每年初的项目方案计划形式申报，便于论证细节项目支出的合理性，也便于完成后的效果评价，项目申报中的目标结果即为评价依据。

第五节　基于云计算的高校财务绩效动态评价

随着国家对高等院校教育体制改革的不断推进，教育质量也得到了不断的提高，高等院校的投资规模不断扩大，经费也越来越多。因此，财务管理在高校中的地位也逐渐提高，教学资金投入和经济活动的多样化，需要高校建立一个客观、系统、规范、有效的评价体系，科学地评价高校教育资源的使用状况和收益状况。如何更好地有效配置高校资源，这就要求学校重视财务绩效评价的工作，对自身的财务状况和运营情况有深入的了解和掌握。因此，高校需要构建一套合理、完整、严密、动态的绩效评价体系，并且运用最现代科学的方法和管理手段对财务状况进行分析和管理。

一、云计算与高校财务绩效评价的理论基础

（一）云计算的概述

美国国家标准与技术研究院（NIST）对云计算的定义是："所谓云计算，是通过一种允许用户使用可靠便捷的、到处都能获取得到的，按照用户需求获得的网络来接入到一个涵盖了网络设备、服务器、存储、应用等的可动态配置的计算机资源共享池（其中包括了网络设备、服务器、存储、应用以及业务），并且以最小的管理代价或者业务提供者交互复杂度即可实现这些可配置计算资源的快速发放与发布。"云计算作为新一代计算模式的发展方向，不仅能提供便捷快速的弹性伸缩服务，还能降低资源使用成本，进行大规模数据处理、挖掘工作。随着云计算信息技术的高速发展，大数据、物联网、XBRL 等新兴技术逐步扩大应用，给高校财务信息化工作带来了机遇，也为高校财务绩效评价赋予了创新的技术。

（二）高校财务绩效评价的内容

财务绩效评价是会计主体以各类财务指标为前提，对本单位的财务状况、经营成果进行整体的科学考量和解析，并将评价分析得出的结论和计划进行比较，以此作为衡量经营现状优劣的评判标准，对财务状况和经营方向的未来发展能起到一定的预测效果。高校财务绩效评价建立在经济学、财务管理学的理论基础之上，结合高校实际的财务状况，运用规范、科学的方法，按照绩效的评价标准来反映高校教育资金的投入使用效率、产出效益和社会效果，是对高校财务管理活动的过程和结果系统、客观、公正的衡量、比较和综合的评价。然而，要做好高校的财务绩效评价的工作，除兼顾科学性、可比性、标准性地选取可操作性评价指标外，还需要动态跟踪、及时地获取评价信息来完善高校财务绩效评价体系，才能使高校和经营环境、社会经济协调发展。

二、高校财务绩效评价体系的现状

在我国，高校财务绩效评价还处于发展阶段。很多高校都非常重视财务管理，但却较少注重绩效管理，认为绩效评价也只是对财务管理的事后总结与评估，没有正确地认识其在管理过程中的引导、分析和预测、决策功能。一直以来，很多高校财务绩效评价重视资金投入却不重视效益，重视资源分配却忽略了评价监督，造成了高校在日常运转中出现了教育资源配置不合理和有效利用率低、教育支出不均衡等一系列的问题。

高校财务绩效评价中仍然存在以下一些问题：① 评价对象不清晰，目标不明确。在高校财务绩效评价中，高等教育的投入、产出与效益等是高校财务绩效评价的主要内容。很多高校绩效评价没有明确以战略目标为核心并为之服务的绩效目标，因而没有树立正确评价的方向，在评价对象上含混不清，设计笼统，没有细化评价客体，所以造成了评价效率较低，得不到真实客观的评价结果。② 财务绩效评价体系不完善。财务绩效评价体系是由评价机制、评价指标、评价标准、评价方法四个部分组成的。而且大多高校的财务绩效评价制度、激励机制等还未健全，缺少综合性、规范性和科学性，所以没有起到绩效管理的推动作用。绩效评价指标不能充分合理地体现全面财务管理水平，也没有考虑一些非财务指标要素。没有兼顾定性指标与定量指标相结合，指标口径不统一，评价标准不统一，在绩效评价过程中无法执行数据对接；评价方法不恰当，没有兼顾实操性与计量的规范性。③ 缺乏有效的财务绩效评价监督机制。部分高校进行财务绩效评价时忽略了监督机制的建设，因此无法形成一个良好的制度环境和组织环境。也正因为缺乏一个系统的管理监控体系，财务管理制度和监督机制的不健全，所以容易在财务绩效评价过程中出现较大的漏洞。脱离了绩效管理核心，内部监督控制也无法满足自身的实际需求，不利于及时反馈和纠正评价结果，对财务绩效水平的提升也有所影响。因此需要建立一套完善的财务绩效评价体系，才能对高校绩效评价进行全面的管理。

三、云计算对高校财务绩效管理的影响

（一）促进了高校财务绩效管理的标准化

目前，许多高校均建立了校园局域网，同时引进了各种部门管理系统，如教务处的教学管理系统、人事处的人事信息管理系统、资产处的固定资产管理系统，各自独立，没有统一的数据标准，信息无法沟通交换，造成管理信息不对称，无法共享数据，资源浪费，信息孤岛般存在，使得高校财务信息化建设遇到重重障碍，高校财务绩效管理也无法准确衡量。在高校云计算中，不同部门的业务系统可以共用一个大的资源池，资源池容量可以适时调整，还可以对资源进行实时的合理分配，提高资源利用率，实现绿色计算。因此，云计算可以通过高校财务信息门户系统集成整合来挖掘获取潜在的有用数据。由于信息使用的部门及人员是动态变化的，所以这一切通过"云"实现，对标准化的数据进行统一灵活运用，既降低了管理部门协同的复杂度，又促进了财务绩效数据的标准化进程。

（二）降低了高校财务绩效管理的成本

虽然大部分高校都进行财务信息化的改革，摒弃了手工会计，但从会计电算化发展到今天，各高校都通过局域网，配备服务器、交换机、工作站等设施，自行开发高

校财务软件或选择外购专业财务软件进行财务管理，使得维护运行、更新改造费用开支不少，大大增加了财务信息化管理的成本。云计算运营商将提供几十万台的服务器，为云计算提供强大的支撑平台，足以适应高校的业务量增长和工作需要，同时可以减轻经济负担和降低经济风险。通过 SaaS（软件即服务）模式或 PaaS（平台即服务）模式租用其平台或云，可减少重复购置成本，缩减开发运行周期，减少运行费用，节约人力成本和管理成本，进而降低高校财务绩效管理的资金成本和时间成本。

（三）加速了高校财务绩效动态评价模式的转变

目前许多高校财务绩效核算数据主要来源于财务管理系统，而财务核算信息要比业务信息滞后，导致高校财务绩效评价没有及时客观地体现其财务现状与经济效益，因此也无法准确地反映高校财务管理水平，更不能为高校发展提供快速有效的决策支持方案。而云计算与财务管理信息化的结合，可以把数据传感体系、智能识别体系等新技术融入财务平台，使电子发票、增值税发票、合同等实现原始单据无纸化处理，会计档案电子化存储、教学设备、资产使用状况、校企产业收益等信息流均可以同时获取，能够从云端动态计算评价高校财务绩效水平，与时俱进，从而在不同的绩效周期仍然可以评价、监督、调整，进行动态有效的资源配置，因此满足了高校财务管理的需求，推进了高校财务绩效动态评价模式的转变。

四、基于云计算的高校财务绩效动态评价模式建设

基于云计算构建高校绩效评价体系的核心是将高校财务绩效与其战略目标紧密联系，设计一套适合高校的综合财务绩效评价框架，结合高校特色的财务指标信息和非财务指标信息，构建完整规范的高校财务绩效评价指标体系，从而利用云计算技术建立一种新型的高校财务绩效动态评价管理模式。

（一）高校财务绩效评价框架设计

高校财务绩效评价框架是由与高校财务绩效评价相关的要素构成的，结构化数据与非结构化数据相辅相成的有机整体，为更好地开展财务绩效评价工作，提供更优的绩效管理，其意义在于通过相关财务绩效指标评价监测来节约教学投入成本、提高学校资源利用率，实现高校战略目标。而设计最优的高校财务绩效评价框架，是财务绩效评价体系建设的首要工作，是改进财务支持决策、提高高校资源配置服务社会的重要一步。因此，围绕高校财务管理的工作职能和任务，根据预算、资金运营、资源优化配置、综合实力、短期效益及高校远期发展等，高校须以战略为导向，从预算绩效、资源配置、综合绩效、发展潜力四个维度来评价其财务绩效，构成高校财务绩效评价框架，从而指导下一步的高校财务绩效评价指标体系建设。

（二）构建高校财务绩效评价指标体系

在设计完高校财务绩效评价框架后，高校必须根据框架的预算绩效、资源配置、综合绩效、发展潜力四个维度分解绩效评价的目标和建立合理有效的具体指标，并且建立一套相对完整、规范的高校绩效评价的制度和指标计算方法，还明确指出绩效评价的对象、内容、分值和权重，从而正确计算其财务绩效评价结果。在构建财务绩效评价体系中，高校要遵循层次性和整体性相结合、长期目标与短期效益相结合、定性指标与定量指标相辅相成、可比性与操作性相协调原则，使得评价指标客观、公正、科学、系统地反映其财务管理现状，满足财务资源有效配置的功能。高校实行的财务绩效评价主要是考核教育资源使用的科学性和规范性，资金的投入和产出比例是否合理，能否达到预期效果，符合高校的发展。因此，建立一套严谨的高校财务绩效评价体系，不仅可以提高教育经费的使用效率和优化教育资源的合理配置，形成一种以绩效为核心的观念，而且有利于制定出更科学的预算方案，使资金的分配和使用能得到有效的控制，进一步降低成本。

（三）基于云计算的高校财务绩效动态评价模式建设

大数据时代，高校财务管理信息化以会计管理信息系统为基础，以云计算管理为核心，将计算任务分布在大量计算机构成的资源池上，使各种应用系统能按需获取计算力、信息决策资源。基于云计算的高校财务绩效动态评价模式的必要工作是规划重塑标准化的财务绩效管理流程，提高其财务绩效动态评价的处理能力，优化配置高校人、财、物等各项资源，充分实现财务管理从会计核算型向决策服务型过渡，并且促进高校管理规范化。基于云计算的高校财务绩效动态评价管理流程设计如下：绩效管理目标制定→业务数据流采集与加工→应用数据指标评价与分析→动态绩效预警与监督。

（1）绩效管理目标制定。高校要进行长效教育机制改革，实现财务管理职能，就必须要发挥高校绩效评价的导向作用，制定合理适当的绩效管理目标，实现绩效管理流程的全程掌控，提高财务绩效评价的效率，逐步形成以绩效为导向的资源分配方式，优化教学投入产出比率。绩效管理目标制定通过先进的云计算管理模式，利用虚拟化技术将各种内外部数据整合到一起，根据高校的战略目标评估分析，确定当前高校的绩效管理目标，进而科学、合理地完善各指标体系的执行目标，为高校财务绩效评价提供充分的依据，使得高校各部门紧密围绕绩效目标展开工作，大大提高学校管理效能。

（2）业务数据流采集与加工。高校可以通过云计算 SaaS 或 PaaS 模式扩大财务信息的采集与储存，对高校财务系统、资产管理系统、教务管理系统等相关业务部门信息进行加工，做到财务信息与非财务信息相结合、内部信息与外部信息相结合，将各种业务数据流进行融合与关联分析，实现数出一门，统一口径，资源共享，拓宽价值流、业务流的路径，也为高校财务绩效的实时评价提供基础结构化数据。所以这种以云计算服务模式为依托，以财务管理资源为核心，利用专业的系统模块，实现跨平台免安装。突破个体界限，整合高校资源，建立完善公共数据平台，克服了绩效评价的数据对接问题，兼顾了实操性和计量的规范性、可比性，实现了各单位部门的实时沟通、协调与信息共享。

（3）应用数据指标评价与分析。在云计算技术下，高校结构化数据与非结构化数据的应用处理更加智能化、动态化和自动化，使得财务绩效评价应用指标的数据挖掘更加容易，可以根据给定的目标从海量数据中挖取潜在的、有用的，并容易被人理解的，以可视化的模式充分展现出来，并提供庞大的信息分析功能。云计算平台会将第二流程的业务数据加工程序的数据按高校财务绩效体系分配给指标计算资源池，分别计算4个一级指标、10个二级指标、33个三级指标的结果，并且按照各指标的四个维度取值与权重进行计算，得出最后的绩效评价结果；在对绩效评价结果全方位评估分析后，必须提供出完整的、高质量的财务报告及信息使用者所需的不同财务决策方案。在云计算环境下，利用财务绩效评价指标分析其绩效管理的实时变化，在绩效指标较低，目标未达到，或绩效指标过高，超出目标过多的情况下，高校可通过分析原因和参考决策方案来适当调整其绩效管理和科学管理各部门业绩。

（4）动态绩效预警与监督。综合应用云计算的高校动态财务绩效评价模式，是一个系统的管理监控体系，它可以按照使用者的不同要求自选查询口径，随时生成财务报表。云计算可扩展服务可减少信息使用成本，提高信息披露质量，有利于监管者及时获得高校财务数据反馈，加强财务绩效管理，大大提高了业务信息的时效性，实现了财务信息的动态核算，突破了信息传递迟滞的瓶颈，也避免了人工主观因素的干扰，保障了其绩效管理的实效性。一旦财务绩效数据发生异常或与实际执行目标发生偏差，系统就会发出预警信息，提示出错原因，并跟踪后续业绩进展情况，动态、及时地对高校管理各部门的绩效信息进行反映和记录，形成一个良好的内循环监控、有利于绩效考核和激励的组织环境，以此达到加强监督，客观地评价和管理，提高资源效率的目的。

五、结语

高校基于云计算进行财务绩效动态评价模式建设，能够不受时空和评价主体的主观约束与限制。利用云计算的技术，使得采集和加工各种数据更加标准与专业，评价对象更加精细化。基于云计算的高校财务绩效动态评价模式是新的流程再造，通过共享服务实现数据挖掘，智能化、科学化对绩效评价管理全方位评估分析，从而使得高校财务管理从分管层面提升到动态管理与支持决策层面，优化配置资源服务，提升高校综合能力，突出其办学特色，有利于促进教育事业的发展。

第六章 新时期高校财务管理绩效评价体系构建

第一节 高校财务绩效评价指标体系

对于高校的日常管理工作来说，财务管理是其中重要工作的内容之一。财务管理工作直接关系高校的正常运作、相关措施的实施以及高校自身的发展空间。因此，在高校的管理工作当中，必须要重视高校财务管理工作的各个方面，并且保障相关措施的完善以及工作完成的效率和质量。一旦高校财务管理工作出现任何问题，就很有可能使得高校的运作经费不足，或者是相关资料的利用率低，对高校的正常发展以及工作的开展造成极大的阻碍。要想保障高校的财务管理工作，提高财务管理工作的质量和效率，就必须重视财务绩效评价指标体系的建设。这不仅是因为财务绩效评价指标体系的构建是当前我国财政体制改革对于高校管理提出的基本要求之一，同时也因为财务绩效评价指标体系的构建能够更好地促进高校财务管理工作质量以及效率的提高，并且能够提高财务工作人员的积极性，激发他们的主观能动性，使他们更好地完成手中的工作。而要确保财务绩效评价指标体系的构建，首先要了解的就是当前高校财务绩效评价的现状，发现其中的问题，这样才能更好地进行改善。

一、当前高校财务绩效评价中存在的问题

从目前我国高校的财务管理工作来看，大部分高校已经开始了财务绩效评价工作，并且也通过财务绩效评价工作的开展，使得当前高校财务管理工作的质量获得了一定程度的提高。但是，依然还存在着一些问题使得高校财务绩效评价工作无法真正地发挥作用。最为明显的一点就在于，无论是高校的管理人员，还是从事高校财务管理的工作人员，都没有真正认识到财务绩效评价体系建设的重要性，也不了解财务绩效评价体系的真正作用，从而使得绩效评价体系的建设和开展都存在问题。也就是说，当前高校在进行财务经济效益评价工作时，都没有正确地评估高校的经营效益以及资源分配的合理性，导致高校资源出现极大的浪费。除此之外，在目前高校的财务管理中

所使用的财务绩效评价体系也并不完善。一般情况下，财务绩效评价体系都是由指标、标准与方法三个部分组成。然而，从目前高校财务绩效评价体系的构建来看，其中指标的设计存在极大的缺陷，因此并不能如实地反映高校的财务绩效情况。同时，高校的财务绩效评价体系也没有一个全面、科学、合理的考核评价标准作为依据，这样一来，就会使得评价缺乏公正和客观性。最后，在高校财务绩效评价工作的实施过程中，并没有一个完善的监督管理机制对工作的开展状况进行严密的监督，导致财务绩效评价工作在实施过程中会出现一些问题，从而影响高校的财务管理工作，进而直接导致高校正常的运作出现问题。

二、高校财务绩效评价指标体系构建的重要性

（1）满足高校财务制度的要求。2012 年，我国财政部颁布了《高等学校财务制度》，对我国所有的全日制普通高校，包括成人高校的财务管理工作都提出了明确要求，并且明确表示在高校的财务管理工作中，必须要开展绩效评价以及绩效考核的工作，从而确保高效财务管理工作的正常开展。除此之外，在《高等学校财务制度》中同样指出，高校在未来的运作过程中，必须要提高资源的使用效率，确保高效资源的优化分配，平衡高校的社会效益与经济效益，使得高校在提升教育水平的同时，也提高自身的经济效益。除此之外，还需要通过绩效评价与考核来保障财务管理中各项工作的开展和实施，确保高校资源不会出现浪费或者被不法分子窃取的情况。

（2）建立高校内部经济责任制。所谓的高校经济责任制，指的就是在高校中要以办学为目标，在此基础之上提高高校的经济效益，并且明确各岗位的分工以及责权，还要求各岗位以及各部门之间进行相互的监督管理与配合，从而实现高校经济效益的经济制度。高校经济责任制是高校内部管理中不可分割的一部分。众所周知，无论是在任何一个行业以及任何一个企业、机构与组织中，财务管理工作都是以货币价值作为评价标准。而高校的财务管理更是以货币价值作为指标来评价高校的教育、科研、行政等各项活动，并且通过各项活动的效果与影响切实地反映出高校当前的经济效益与社会效益。而财务绩效评价指标体系的构建则能够客观、真实地对各项活动进行评价，从而保障高校经济责任制相关制度的制定、实施以及效果评估，使高校经济责任制能够发挥更大的作用。

（3）加强政府的管理工作。从当前我国高校开办的实际情况来看，大部分高校都属于公办高校。而公办高校的运作经费主要来源于国家的财政拨款，其次就是学生的缴费收入。在这样的情况下，由于国家财政是学校的投资主体，自然而然的高校是归国家所有。因此，高校的财务管理也必须要向国家财政负责。同时，为了确保国家财政针对高校的拨款被用于高校的建设，财政部也颁布了相关措施确保预算的执行以及

完成过程，确保预算资金的使用途径以及使用效益。2013 年 4 月，财政部颁发了《财政预算绩效评价共性指标体系框架》和《部门整体支出绩效评价共性指标体系框架》，进一步明确了高校资源的优化配置以及保障高校社会效益与经济效益的平衡，同时要加强高校财务管理中风险的评估，并且需要建立高校财务绩效评价指标体系，以此来确保高校财务管理工作的正常开展，提高高校的管理工作质量与效率。

（4）促进我国高等教育的健康发展。由于我国大部分高校都属于公办学校，因此高校的建设与管理需要以国家相关政策以及基本国情为导向，依照国家相关的法律法规来进行办学，并且在高校中进行科学的管理。而高校财务绩效评价指标体系的构建，能够确保高校财务管理工作按照国家政府以及相关部门的要求进行，同时提高高校资源的使用效率，从而提高高校教职工与学生的利益，在保障高校社会效益的基础之上，加强高校的经济效益，为高校的建设以及现代管理体制的改革提供更加坚固的保障。

三、高校财务绩效评价指标体系构建的基本原则

（1）社会效益与经济效益的均衡原则。从当前我国高校财务绩效评价指标体系的构建来看，主要是针对高校经济效益的评价与分析，然而对于高校社会效益却没有一套完善的评价指标。所以需要注意的是，任何一所学校都是具有公益性以及社会责任的。因此在进行财务绩效评价以及考核工作时，绝对不能忽视高校的社会效益。一定要确保高校社会效益与经济效益的均衡，这样才能在做到客观、公正评价高校财务状况的同时确保高校未来更好地发展。

（2）针对性原则。需要注意的是，虽然同为高校，但是在我国的高等教育当中又被分为学历教育与非学历教育。从制度上来看，也被分为全日制和非全日制这两种。除此之外，同为学历教育，但是在学历教育中也有专科、本科以及研究生教育这三种。虽然我国大部分高校都为公办学校，但是也存在少部分的民办高校。例如，在全日制高校中又有综合型、研究型、教学型以及应用实践型等类型之分。因此，在进行高校财务绩效评价指标体系构建工作时，一定要注意的是，根据高校的实际情况，包括高校的类别、层次以及教育形式等有针对性地开展。这样才能确保财务绩效评价指标体系真正地发挥作用，从而加强高校的管理水平，保障高校在未来能够更好地 发展。

（3）价值与非价值指标的结合原则。需要注意的是，高校作为一个教育机构以及研究机构，其社会效益是绝对不能忽视的。因此，在进行高校财务绩效评价指标体系的构建工作时，除要针对具有货币价值的内容进行评估与考核以外，同时还要注重非货币价值的工作内容进行财务绩效评估。其包括师生比、科研成果转化率、论文发表数量与质量、获奖数等，这些都是高校的宝贵资产，必须要引起重视。

（4）绩效评价与财务分析指标相结合原则。所谓财务分析指标，指的就是相关工

作人员通过对高校的事业计划、财务报表以及其他资料，通过特殊的方法对所有信息数据进行分析，以此计算出阶段时间内高校财务的实际情况，从而更好地评判高校在阶段时间内各项活动的效果以及规律，并且以此为依据来指导日后高校的经济活动与其他事业活动。之所以要做到绩效评价指标与财务分析指标相结合，是因为在财务分析工作中所需要的财务报表等其他与财务工作相关的资料，都需要通过绩效评价与考核来得出相关的结论与数据。因此，只有将绩效评价指标与财务分析指标的制定相结合，确保二者之间的辩证统一，才能更好地保障高校财务分析工作的开展，以此来帮助高校在未来更好地发展。

第二节　高校财务人员绩效评价体系

目前，我国高校尚未构建完善的财务绩效评价指标体系，对高校财务人员绩效的评价基本以财务分析指标为准。由于该指标主要是凭借价值性经济指标对财务结果加以评价，而且无法客观全面地反映出高校财务运行的现状，也无法全面反映非经济指标在绩效考评中的重要性。因此，构建完善的高校财务人员评价体系具有重要的现实意义和应用价值。

一、高校财务人员绩效评价体系构建的必要性

（一）强化高校内部管理的实际需要

高校经济责任制是高校内部管理制度的核心构成，是高校内部建立的以实现根本教学目标、实现经济效益与社会效益双赢为目的，以责、权、利相结合为特点的职责分明、相互监督、逐级落实的经济管理体系。财务管理是以货币价值为指标对高校各项活动加以监管。受货币属性的影响，高校财务管理活动具有明显的综合性特征，也决定了财务指标可以真实反映高校各项活动的实际效益。要实现对财务人员的绩效评价，就必须以财务经济指标为主。只有构建完善的经济责任制和财务绩效评价指标体系，才能充分落实经济责任，实现财务人员绩效考核的制度化和规范化，为财务人员的业绩评价、绩效奖罚和选拔任用提供制度保障。

（二）加强政府宏观管理的客观需要

目前，我国高校办公经费主要以政府拨款为主，由此便产生了一种高校是国有财产的现象，也就形成了国家财政对高校财务管理和绩效评价是合法与必然的。财政部门为了对预算的落实情况和执行结果进行全面客观的追踪问效，全面提高预算资金的利用率，在 2013 年 4 月正式出台了《财政预算绩效评价共性指标体系框架》和《部门

整体支出绩效评价共性指标体系框架》，进一步加强了对高校财务管理现状、运行情况、财务风险的管理与分析，客观上需要构建完善的高校财务人员绩效评价体系，为政府的宏观管理提供客观依据，以便于对高校运行的经济效益和社会效益进行全面考核。

（三）构建现代高校管理体系的现实要求

现代大学制度的核心是在政府宏观调控政策指导下，使高校面向社会，依法自主办学，进行科学管理的制度。现代大学制度的内容十分丰富，涉及面也非常广泛，包括规范大学与政府的关系、理顺大学与社会的关系、完善大学内部治理结构等方面。高校财务管理体系与高校内部治理结构存在密切关联，财务人员绩效的好坏、资金利用率的高低在很大程度上决定着高校所有教职工和学生的实际利益，只有提高资金利用率，才能确保高校内部治理结构的完善与革新，为现代高校管理体系的构建奠定坚实的物质基础。

二、高校财务人员绩效评价存在的问题

目前，高校财务绩效评价尚处于探索时期，财务绩效评价体系不完善，财政性资金和非税收资金、其他资金的使用效益也未能建立相应的监管、考评机制，财务人员绩效评价体系没有跟上财政体制改革的步伐，不能有效满足现代高校教育改革的实际要求。

（一）重视度不够，认识存在误区

长期以来，高校财务人员绩效评价中普遍存在"重分配，轻监管""重投入，轻产出"等意识层面的误区与问题，使绩效评价意识薄弱，造成高校在日常运行中投入不够与教育资源浪费共存、资源分配不合理与资源利用率低下共存、教育资金使用率低与资金使用效益低下共存等问题。

（二）整体性不足，缺乏规范性

高校财务人员绩效评价体系应该是一个包括评价主体、评价客体、评价指标等在内的整体性非常强的体系。当前，我国高校绩效评价还没有形成完善的指标体系，在评价标准上基本还沿用传统历史标准的纵向对比，缺乏与国内同类高校的横向对比。在评价方法上，还尚未形成有效的方法体系，一般只采用比率分析法、趋势分析法、对比分析法、因素分析法等传统的财务分析方法。评价主体模糊，目的性不强，为评价而评价，形式主义问题严重，未能充分发挥评价的规范和激励作用。评价客体上界定不明确，笼统地将学校视为评价客体，没有进行深入细化，最终造成评价指标的笼统模糊。

（三）配套不完善，监督机制缺乏

现在大多数高校都没有制定有关财务人员绩效评价方面的文件，文件支持体系显得十分落后。高校绩效评价指标体系也没有法律保障和制度保障，相关部门也没有出台有关绩效考评内容和流程的政策，而且配套的行之有效的监管机制也未能得到构建。

由于种种问题与制约，高校绩效考核在规范性、科学性和客观性上都存在较大欠缺，无法得出令人信服的绩效评价结果。客观来讲，当前高校财务人员绩效评价工作还处于摸索时期，绩效评价体系亟待完善和规范。

三、高校财务人员绩效评价体系的构建策略

高校财务人员绩效评价存在着许多问题，如不及时解决，势必会对我国高校财务管理工作带来严重的负面影响，同时还会对高校人才培养计划的实施以及教育质量的提高带来严重制约。所以要从实际存在的问题着手，有针对性地提高高校财务人员绩效评价工作的质量，构建完善的高校财务人员绩效评价体系。

（一）强化绩效评价意识，提高思想重视程度

对工作的重视程度直接影响着后续工作开展质量的高低，对于高校财务人员绩效管理工作而言，这种历史因素的制约使得高校管理者对财务管理存在普遍的惯性意识缺失。因此，要想提高高校财务绩效评价工作质量，首先要强化管理者的绩效评价意识，提高这方面的思想重视程度。高校绩效管理工作与企业财务绩效管理之间存在许多共性，但又由于高校属于现代社会人才培养的重要基地，所以在许多方面存在着权衡教育质量与经济效益等方面的问题。因此，高校财务人员绩效评价工作与企业财务绩效管理之间又存在许多差异。作为高校管理层必须重视并加强相关理论知识的学习与掌握，只有这样才能避免加强财务人员绩效评价流于表面，真正实现统筹兼备、全面把控。高校管理者必须树立现代化财务管理理念，在加强现代教育改革、提高资源利用率的基础上强化财务绩效评价意识，明确财务绩效管理工作高效开展是促进高校可持续发展的有效手段，进而将这种理念和意识充分落实在日常管理中，提高高校内部管理工作的整体质量。

（二）加强指标体系建设，确保评价结果客观

要想提高财务管理的绩效评价工作质量，就必须要从评价的具体工作入手，换句话说，就是要构建完善健全的绩效评价指标体系，只有这样才能确保绩效评价结果的客观性与公正性。绩效评价体系构建必须明确评价标准、评价内容、评价对象、评价流程和评价范围。除此之外，为了避免财务绩效评价工作流于表面、流于形式，应该加强财务性指标与经济性指标的有效结合。要确保短期目标与长远目标的协调一致，

不仅要重视评价结果，还要加强后续评价、分析、研讨，提高绩效评价工作的深广度，同时还要将评价结果作为未来预算管理、资源分配、资金利用等具体工作的重要依据，以便充分发挥财务人员绩效评价的真正作用。

（三）建立合理激励机制，形成完善的约束体系

因国家在投资责任方面未能形成健全完善、行之有效的约束机制，导致许多高校成本意识薄弱，办学效益低下。所以，必须建立合理的激励与约束机制，对高校财务人员绩效评价加以合理约束，确保高校办学行为的科学性和规范性，实现高校办学经济效益与社会效益的双赢，推动高校的可持续发展。此外，将财务管理行为引到绩效上来，然后予以适当奖励，充分调动参与财务绩效评价人员的积极性，构建合理的、完善的财务人员绩效评价激励机制和约束体系，并充分发挥其应有的作用。

（四）加强信息数据库建设，提供有力的技术支撑

科学合理、完整动态的信息数据库的建立，不但有助于收集、整理、分析绩效评估资料，及时客观地反馈绩效评价结果，而且有助于为财务人员绩效评价工作的持续高效开展提供强有力的技术支撑。一方面，评价标准的科学性、精准性取决于数据信息的动态积累过程。另一方面，随着高校信息化建设的深入，政府和社会投资主体也要求加强财务绩效评价信息数据库的建设，实现财务管理的信息化，提高数据资源的共享度。此外，高校还要定期向投资者披露高校教育经费投入、预算使用情况和资源利用情况，确保绩效评价的公开化、公正化，为投资者制定正确的投资决策提供可靠依据。

总而言之，高校财务人员绩效评价体系的具体标准与实际要求，是要由相关部门结合本校特点和实际情况，制定科学合理的评价标准与依据。高校可以结合具体的现实情况，在充分满足政府宏观财务绩效评价指标体系的基础上，合理进行增减，并结合学校内部管理的实际需要构建高校内部二级单位财务人员绩效评价指标体系，推动高校财务管理工作的可持续发展。

第三节　基于DEA的艺术类高校绩效评价

随着社会经济变迁与国际脉动，国内的高等艺术教育积极响应国家建设与发展需求，不断调整艺术教育体系，呈现的需求变化使得高等艺术教育富于弹性化，无论是量或质的提升，还是信息开放程度都有了相当的进步与发展。

截至2015年，我国艺术类院校共92所。艺术学于2011年从文学门类中独立出来，成为新的第13个学科门类。自此以来，艺术类高校发展迅速，同时其财力、教学设备和人力资源都经受着严峻的考验。相比普通院校而言，艺术类高校就有着很多的不足，

例如，外部原因包括国家层面对于艺术高校的投入力度，社会层面对于青少年考取艺术类高校持有的观念和态度；内部原因包括学校自身学科数量不足导致规模较小，招生人数较少导致经费紧缺等，都妨碍了艺术类高校发展的步伐。因此，在亟须发展与道路障碍之间，如何找到前进的突破口，是如今艺术院校的发展要务。

一、艺术类高校绩效评价的特点及问题解析

（一）艺术类高校绩效评价的特点

1. 艺术类高校绩效评价具有复杂性

复杂系统是由很多具有"智慧"单元的要素（子系统）构成，要素之间、要素与周围环境之间存在相互作用，这些要素还可能随时间而演化。艺术类高等教育是一个复杂系统，通过人力、物力、财力等有形资源和信息、知识等无形资源的投入，以实现教学成果、科研成果、行政结果和文化传播结果的产出。其中，财力投入主要是由财政拨款收入、上级补助收入、事业收入、经营收入、附属单位上缴收入及其他收入等构成。艺术院校绩效评价的复杂性还体现在运作过程中，它需要众多要素共同作用方可完成运营。因此，要多角度、多测度、定性与定量结合地衡量艺术类高校办学效益。

2. 艺术类高校绩效评价具有专业性

为了使艺术教育行为遵循教学和实践相结合的原则，因此对艺术类高校实践教学质量的绩效评价就显得更为重要。在绩效评价时应防止出现学校在学科升级、科研申报、成果奖励等方面简单硬套普通高校文理科的评价模式，只承认理论为主的科研成绩，而忽略艺术学科中的实践教学与创作获奖情况。

3. 艺术类高校绩效更须考虑文化传播效益

艺术类高校的教学特色使得它对社会的娱乐教化和影响力更为深远。澄川喜一指出，艺术对提高人们生存质量是必不可少的。艺术类高校提供基础性、公益性和艺术性的服务，都具有较强的社会影响力，产生外部正效益。普通高校在科研绩效方面主要看重的更多是专利数、课题数、文章著作数等，但艺术类高校除此之外看重的更多是艺术类表现形式，会通过演出、展览、作品等来展现研究成果，而且这些成果会给社会带来不同程度的深远意义。

4. 艺术类高校绩效评价规模较小

中国高等教育从 1999 年开始扩招，从精英式转向了大众化教育。但与此同时，艺术类高校仍旧保留了精英式教育的方式。首先，我国艺术类高校整体数量较少。截至 2015 年，艺术类普通高等院校共 92 所。其次，艺术类高校招生规模较小。艺术类高校 2011 年成为独立的学科门类，但并未带来其招生规模的改变。历年同比增长率总体呈下降趋势，无线性规律，因此艺术类高校本科招生人数呈现较为平稳状态。

（二）艺术类高校绩效评价的问题解析

如今艺术院校的绩效评价没有得到足够的重视。有些研究完全照搬企业绩效评价的思路，未结合高等院校的公共性做出应有的调整；还有一些研究参考普通高校的绩效评价方法，不能很好针对艺术类的特殊性，也不够完善。所以，我国高等艺术院校在绩效评价方面还具有以下一些问题。

1. 绩效评价的重视程度有待提高

高等艺术院校的管理者多为艺术教育领域的学者、专家，在进行决策投资时缺乏客观性，个人情感偏好较重，往往容易从艺术价值的角度出发，从而忽略了经济成本、投入产出等因素。对于学校的管理政绩，较易从结果出发，忽略过程。因此，高等艺术院校的绩效评价一直不被管理者重视，没有提到学校发展战略层面的高度。同时，绩效评价的相关负责人、实施者也存在凭借自身经验行事的工作特点，实施力度、监管力度较弱，使得高等艺术院校的绩效评价形同虚设，难以发挥其评价监管的作用。

2. 绩效评价体系专业性有待加强

绩效评价一方面是给教育投资者与教育需求者参考，另一方面是给学校内部管理者参考，这样才有助于优化高校组织管理结构，及时调整资源配置。鉴于艺术类高校重资源的投入、精英化的产出，更需要完善绩效评价体系，提高运营效率。艺术类高校需根据自身教学科研的特殊性，建立专门的考核指标。在教学科研成果方面，选取不同的统计对象；在教师专业素养考核方面，要给予充分的自由创造空间；在学校内部管理方面，需设立专门的绩效评价机构或人员。从预算开始，将绩效评价的思想贯彻到整个组织管理过程中，完善绩效预算、绩效内控和绩效考核的体系建立。

3. 绩效评价指标缺乏针对性

如今的高等院校的绩效评价指标大多是在《中国高等教育绩效评估报告》的 14 项投入指标和 16 项产出指标中发展而来，但这些指标主要针对普通高等院校，对论文发表数、获奖科技数、专利技术转让等科研成果指标过分看重，文理学科的绩效评价并不能完全代表艺术类高校。艺术类高校的教学与普通院校的教学存在共性的一面，也有自身特殊的一面。普通高校科研的产出主要为论文数量、课题立项、专利数量等，艺术类高校除了这些，更为重要的还有创作获奖数量、作品展演次数等。艺术类高等教育教学模式的特殊性，导致它的产出更加多元化，形式多样，评价方式复杂。因此，以往的绩效评价指标远不能满足艺术高校绩效评价的需求。

二、基于 DEA 的艺术类高校绩效评价体系设计

（一）数据包络分析法（DEA）的产生及应用

数据包络分析法（data envelopment analysis，DEA）是一种以相对效率为基础的

非参数统计方法，用于评价具有相同类型的多投入、多产出的决策单元是否技术有效。艺术类高校本身是一个复杂的系统，其经营绩效是多项要素投入，经过复杂的运作，产出多项成果效益的过程，适合 DEA 多投入多产出的模型研究。M.Abbott et al. 建立投入产出指标，进行 DEA 实证分析，证明澳大利亚大学的技术效率和规模效率都有一个较高的效率值。Mariana Cunha et al. 设计出包括机构的总拨款额、总支出、总学术人员的输入指标、研究生人数、授予博士学位人数、提高课程总数的输出指标，运用 DEA 方法进行投入产出分析，评估出葡萄牙公立高等教育机构的相对效益。

DEA 所衡量出的效率是属于同一年度或期间所相对比较出来的结果，但却没有考虑到产出增加的原因除要素投入量的增加之外，还可能为总要素生产力（total factor productivity，TFP）的增加。然而 Malmquist 指数可以用来解决上述疑惑。Malmquist 生产力指数（malmquist productivity index，MPI）主要是用来衡量受评单位在不同时期生产力的变动情形。而在 DEA 评估效率的模式中，DMU（决策单元）是在生产技术不变的假设前提下所进行评估的。考虑到艺术类高校绩效评价的纵向对比，现将时间因素一并考虑，采用投入导向计算 Malmquist 生产指数，依 DEA 方法分析效率为架构，同时考虑生产力与技术效率变动的情形。

（二）艺术类高校绩效评价指标设计原则

在设计艺术类高校绩效评价指标时，首先，要遵循全面性与代表性相结合的原则，从教学、科研、行政和文化传播四个方面多层次，多角度对艺术类高校绩效做出全面的衡量和评价的同时，注意辨别不同指标的重要性和代表性，剔除分辨度低及存在重叠的指标；其次，要遵循可操作性和可比性原则；最后，由于艺术类高校的教学研究创造性强，以往研究文献少，在设计指标体系时需遵守动态发展原则，所以根据环境的变化和实践经验，不断修正和健全评价指标体系，以适应经济环境变化和艺术类高校发展的趋势。

（三）艺术类高校绩效的分类

如今对高校的绩效评价，最具代表性的是1998年美国肯塔基州的高等教育指标体系，包括教育质量、人才培养、机会均等、经济发展和生活质量以及协调与倡议精神五大类。项华录、董丽丹等认为高校财务绩效体系是一个多目标的系统，从资产绩效、自筹绩效、教学绩效、科研绩效、产业后勤绩效五个方面反映高校的财务综合绩效水平，为艺术类高校绩效评价建立了很好的参考模板。艺术类高等教育产出的成果是多样的，表现为精神文明成果、育人成果、艺术成果和科研成果、社会服务成果等方面。但之前的研究成果大多侧重于对艺术类高校教学科研水平的评估，从而忽略了其行政运营、社会影响等绩效，所以未能起到一个全面的绩效评估作用。因此，艺术类高校的绩效应分为教学、科研、行政、文化传播四类。其中，教学、科研、行政绩效共同影响文化传播绩效。

（四）基于 DEA 的艺术类高校绩效评价投入产出项选取

通过与多所综合性艺术类高校的专任教师及科研、财务、教务、艺创、发展规划等处室管理人员的深入交流，向教育方面的专家咨询访谈，整理以前的研究文献，结合实际工作经验，最终选取投入产出项目，加以整理，萃取出主要的绩效评价指标，然后选取合适的 DEA 模型进行相对效率的评价分析。

三、案例应用

（一）南京艺术学院的基本情况

南京艺术学院已有 104 年历史，在校生总数为 11 394 人，学校设有 37 个本科专业。现有教职员工 1000 余人，专任教师 659 人，教授、副教授共 304 人，博士生导师 50 人，硕士生导师 135 人，聘有国内外客座教授、兼职教授 90 余人。学校办公管理采用的是科层制，在院党委领导的院长负责制下，实行院、二级院（系）两级管理。院（系）是最终执行任务和指令的基层单位。近年来，学校不断发展科研和创作展演事业来提升服务社会的能力，并且全面推进与无锡市、常熟市、盐城市、南京市、常州市武进区的"政用产学研"合作，促进地方经济转型升级。

（二）决策单元（DMU）选取

2010—2014 年度南京艺术学院各二级学院为选取的决策单元，共 14 个院系。剔除爱乐学院（2011 年年底停止办学）、演艺学院（2013 年年底停止办学）；思政部成立于 2012 年，故缺失 2010—2011 年数据，缺失学费收入与就业率数据。

（三）投入与产出指标的选择

结合南京艺术学院的财务制度及相关规定的限制和约束，本研究对前面所建立的指标体系进行汇总和筛选，选取了资料较为全面和可靠的投入与产出指标进行 DEA 运算。① 教学绩效评价：投入指标包括教学设备购置费、专任教师人数、教育事业支出、师生比；产出指标包括就业率、学费收入。② 科研绩效评价：投入指标包括图书\数字化\重点实验室建设经费、专任教师博士学历比率、科研事业支出；产出指标包括科研创作数量、省部级专项课题经费。③ 行政绩效评价：投入指标包括行政事业支出、行政人员比率、办公设备购置费；产出指标包括预决算指标完成情况、行政人员论文发表数量。④ 文化传播绩效评价：投入指标包括就业率、科研创作数量、行政人员论文发表数；产出指标包括创收。

（四）DEA 分析结果

经过 DEAP 软件运行，针对南京艺术学院各二级学院的效率值做了如下分析。

1. 教学绩效结果分析

（1）各二级学院 2010—2014 年 DEA 效率值分析。传媒学院、文化产业学院、高职成教学院和国际交流学院的 2010—2014 年综合效率、技术效率和规模效率 DEA 值都等于 1，达到 DEA 有效。人文学院 2010 年、2011 年、2014 年三年综合效率无效的原因在于规模收益递减。据松弛变量分析，音乐、美术、舞蹈和影视四个学院需增加教学设备、专任教师、教学事业支出等投入。

（2）各二级学院 2010—2014 年生产力变动分析。音乐学院全要素生产率最高。该学院 2010—2013 年综合效率 DEA 无效。直到 2014 年所有效率值为 1，说明该学院这几年重视教学发展，优化投入产出结构，逐步提高教学绩效，并且取得了一定成绩。影视学院除纯技术效率衰退外，其余效率变动值均大于 1。

2. 科研绩效结果分析

（1）各二级院系 2010—2014 年技术效率分析。设计学院和美术学院 2010—2014 年效率值均为 1，DEA 有效。人文学院、文化产业学院和国际交流学院情况较好，均为五年 DEA 有效。影响舞蹈学院综合效率的为规模效率无效。思政部于 2011 年刚成立，投入产出资源结构未达到最优，随后三年该院发展走上正轨，DEA 有效。据松弛变量分析，发现科研绩效投入冗余值整体情况较好，样本数据的投入和产出指标的冗余量均不大。只需对个别非有效 DEA 学院的投入资源进行调整，例如传媒学院的图书、数字化、重点实验室投入量需做重点调整。

（2）各二级学院 2010—2014 年生产力变动分析。工业设计学院全要素生产率最高，该学院规模效率为 1，五年来基本保持不变，其余效率变动均大于 1。工业设计学院 2010—2013 年的综合效率、技术效率和规模效率表现并不理想。该学院五年来重视优化科研事业结构，调整投入产出资源于 2014 年年初见成效，各效率值达到最优，该学院科研绩效的全要素生产率也为所有学院之最高。

3. 行政绩效结果分析

（1）各二级学院 2010—2014 年 DEA 效率值分析。思政部 2011—2014 年行政效率值均为 1，DEA 有效。音乐学院、美术学院、思政部整体情况较好，舞蹈、影视、高职成教学院整体情况较差，并未达到过效率最优。从整体来看，行政绩效完成情况差强人意。本研究的行政绩效产出选取的是预算完成情况和行政人员论文发表数量指标，这样的数据结果与许多研究者的研究结论相符。曹寸、桑晨燕等指出："我国高校仍未从根本上改变投入式的预算管理体制，资金使用的有效性并未得到提高，高校预算管理水平亟待提高。"乔春华将绩效引入高校预算管理中，推行预算绩效研究，都是为了解决高等院校行政效率低下问题，看来南京艺术学院也同样亟须优化组织结构，提高行政管理水平。据松弛变量分析，舞蹈学院、影视学院、流行音乐学院应调整办公设备、行政支出和行政人员数量，高职成教学院 2012 年行政日常支出冗余值较大，而且需调整。

（2）各二级学院 2010—2014 年生产力变动分析。技术效率变动中，设计学院、影视学院和文化产业学院大于 1；技术进步变动中，舞蹈学院、流行音乐学院、人文学院和国际交流学院大于 1；纯技术效率变动中，流行音乐学院和国际交流学院小于 1；规模效率变动中，只有文化产业学院大于 1；人文学院的全要素生产率最高，该院除规模效率保持不变外，其余效率变动均大于 1。

4. 文化传播绩效结果分析

（1）各二级学院 2010—2014 年 DEA 效率值分析。发现高职成教学院文化传播绩效情况最好，2010 年、2011 年、2013 年三年各效率值为 1，资源投入产出达到最优结构。2012 年各院系相比其他年份文化传播绩效表现较好，源于 2012 年南京艺术学院迎来百年校庆，对外进行了大量的宣传活动，演出展览次数也较其他年份频繁，因此，带来了文化传播绩效的 DEA 有效。但其余年份整体表现平平，总体情况看来并不乐观，国际交流学院出现了较为明显的规模效率降低，从而影响了综合效率数值。据松弛变量分析，除高职成教学院和思政部外，其余学院均存在投入要素不足的情况。

（2）各二级学院 2010—2014 年生产力变动分析。技术效率变动除流行音乐学院和国际交流学院外，其余学院大于 1，工业设计学院最高，达 8.361；传媒学院和国际交流学院技术进步变动情况较好；工业设计学院纯技术效率变动最明显；除高职成教学院保持不变外，其余学院规模效率变动均小于 1；除舞蹈学院、流行音乐学院、人文学院和高职成教学院外，其余学院全要素生产率均大于 1。除 2012 年外，南京艺术学院文化传播绩效整体表现情况并不乐观，这也造成各效率变动幅度较大的现象。工业设计学院全要素生产率最高，且五年来平均值为 7.595，远高于其他学院。

南京艺术学院教学绩效和科研绩效情况较好，除个别学院需调整资源配置结构外，整体运行绩效良好，但是行政绩效整体情况一般。从实证结果分析，学校的行政服务理念不到位，运作成本较高，行政服务效率低，未能及时提供高效率、高品质的组织管理和公共服务。在未来发展中，应提升行政管理工作的重视程度，将绩效管理的理念贯穿于整个教学科研工作过程中。文化传播绩效是前三个绩效综合作用的结果，要达到此绩效 DEA 有效，则较为困难。应从技术效率和规模效率两个方面着手，大力提升文化传播综合效率。工业设计学院较早地意识到文化传播工作的重要性，并开展了一系列活动，调整改革了学校发展理念，2014 年的文化传播事业初见成效，达到了DEA 有效。国际交流学院、思政部、高职成教学院以及文化产业学院等需提升规模效率。各学院在教学、科研、行政和社会传播四个方面应当有所平衡。实现战略化发展，不可厚此薄彼，受短板限制。

从研究可以看出，DEA 方法立足于多投入多产出指标分析，为艺术类高校绩效评价研究开拓了广阔的天地。我国艺术类高校绩效评价首先应提高绩效评价的战略地位。艺术类高校要树立科学的绩效管理理念，在预算、评价、控制、考核等方面融入绩效管理概念。其次，应优化资源投入产出结构。通过设计科学、合理、规范、符合艺术类院校特征的绩效评价指标体系，采用 DEA 方法动态地评价艺术类高校的绩效，合理控制调整资源投入产出。最后，需要平衡教育、科研、行政和文化传播绩效发展，从行政管理方面做好组织管理工作，保障教育科研事业的顺利发展，同时加强社会艺术事业的传播与影响。

第四节　高校固定资产管理绩效评价指标体系

高校固定资产绩效评价是管理者依照预先确定的标准或指标以及规范的评价程序，运用科学的评价方法，按照评价的内容和标准对评价客体进行定期和不定期的考核和评价，并对组织的整体运营效果做出的概括性评价。因此，概括性的评价使得评价必须具备系统性、战略性等要素，注重对各指标之间相互关系及其权重的确定，并采取客观、公正、科学、规范、全面的评价方法，准确、客观地将信息反馈给管理层，使其在管理和决策过程中使用。

一、高校固定资产管理绩效评价的必要性

（一）提高高校管理水平的内在要求

高校固定资产的管理是一个系统工程，固定资产的价值高、使用周期长、存放地点分散、管理难度较大，如何做到资源科学合理配置和节约有效的运行维护更为重中之重。高校固定资产管理的绩效评价是对高校固定资产的运营效果、运行状况等做出一个系统测评，以便获取固定资产综合运作的成绩和效果，目的是完善固定资产管理的各项规章制度，实施产权管理，明确产权关系，以保障国有资产的保值和增值，推动资产的合理配置和高效利用，充分发挥其在办学效益中的重要作用。

（二）有助于核算高校人才培养成本及对高校的综合评估

随着市场经济的逐步完善，高校人才培养成本逐渐被提上议事日程。高校固定资产绩效评价体系的建立不但有助于强化对国有资产的管理，还有助于对高校人才培养成本的核算以及对高校的综合考核与评估。高校固定资产绩效评价体系既要符合高校整体的办学方向，也要兼顾不同领域的专业特点，同时更要符合社会经济发展对高校的客观要求。在新形势下，运用绩效评价加快高校改革和发展的步伐，注重投入和产出的成本和效益，不断探索适合高校自身发展的管理途径，有助于促进高校固定资产管理进入规格化、成熟化和科学化的新领域。

（三）有助于完善固定资产管理的约束和激励机制

目前，大多数高校对固定资产没有进行成本核算，也没有对现有资产进行效益评估，导致固定资产综合使用率较低，造成许多项目重复建设和资源的闲置浪费现象较为严重。高校在政策制定、财政资金拨款等方面可以综合考虑各院系的固定资产绩效考评结果，对其进行相应倾斜，利用奖励先进、鞭策后进的手段，督促高校重视固定资产管理，实现对其高校的约束和激励功能。

二、高校固定资产管理绩效评价的内容

高校资产管理者对绩效评价进行分析，目的是考察高校整体发展是否处于良性循环和校内资产是否已经实现资源的优化配置和合理使用。其内容包括以下几个方面。

（一）资产效果

固定资产效果主要是指人才培养的效果、教育科研成果及教育产业产出的数量和质量等，反映了学校服务社会和获取收益的能力。狭义上的收益实际上也就是获取经费，广义上的收益则包括社会捐赠、校友捐助、无形资产价值等各类收益。评价高校固定资产效果可以从高校通过政府获取拨款和自筹经费的活动能力来考察，可以从高校通过科研和技术开发、继续教育、委培教育、成人教育等手段获取经费的能力来考察，还可以从高校兴办校办产业获取经费补充的能力来考察。

（二）体制规范

高校固定资产管理不但需要硬件条件，而且更需要如管理机制、制度建设、人文环境等软件支持。高校固定资产的监督激励机制和权力制约机制的缺失，国有资产管理重视程度不足，内部管理组织不健全，成为影响高校固定资产绩效的制度性因素。对高校固定资产进行科学规范的绩效评价，首先，要从思想上重视国有资产的管理；其次，要从体制上建立必要的管理机构，强化内部管理水平的提升，健全高效的管理团队；最后，对高校固定资产绩效评价进行分析，要从高校管理者、资产使用者等组成人员中考察思想上的重视程度，从制度建设、组织机构等方面考察体制机制的建立情况，从日常管理、操作流程等方面考察管理团队，从使用状况、运行状态等方面考察资产使用效率。

（三）影响评价

高校固定资产的公共属性决定了对其管理绩效评估必须考虑它在社会上的认同程度以及一定的社会影响。在对高校固定资产进行绩效评价时，可以全方位参考同行认可度、学术声誉、外界吸引力等方面。同行认可度高，说明高校固定资产管理在同类高校中属于领先水平，并被其他高校所认同和借鉴；反之，则处于落后的位置。学术声誉高，说明高校固定资产在科学研究、人才培养等方面充分发挥了作用，为社会经

济发展做出了突出的贡献，资产的利用效率高，赢得了良好的社会声誉；反之，则利用率不高。外界吸引力高，说明高校科学规范的管理被社会、企业等组织所认可，树立了一定的品牌效应；反之，则品牌效应差。

三、高校固定资产绩效评价体系的构建原则

高校固定资产绩效评价是提高其资产使用效率、提升其人才培养和科学研究能力的重要途径。由于高校固定资产绩效评价的内容涉及众多方面，为确保绩效评价指标的科学性、合理性和系统性，应在固定资产绩效评价中坚持以下原则。

（一）定量指标和定性指标相结合原则

高等院校类型多种多样，固定资产的形态更是千差万别，从某种程度上降低了资产的可比性。因此，在设计固定资产绩效评价指标时应遵循以下原则，即以考核资产价值指标为主，同时辅助考核资产的实物状况等非价值指标。在进行评价指标设计时，既要对定量指标进行设计，也要顾及定性指标的考量。可量化的指标，需要用现有工具按照规定的内容进行测量；不可量化的指标，需要用定性的描述进行数据获取，如果定性的描述没有可测性，就可以用可测的间接指标进行测量。

（二）可操作性原则

在构建固定资产绩效评价指标时，要充分考虑绩效指标是否具有可测性和可行性。可操作性指标要求指标数据可以通过高校近几年的财务报表和会计核算中获得。如果在绩效评价中获取不到充足的信息或是获取途径不方便，无论该指标设计得多好，也就没有可操作下去的必要了。

（三）共性和特性相统一的原则

高校固定资产的绩效评价目标是提高高校固定资产的使用效益，推进高校的人才培养和科学研究，围绕这一目标，在设计绩效评价指标时，要兼顾高校之间、院系之间的共同特征和类型的特殊性。在对不同高校或院系之间资产绩效状况进行评价分析时，要考虑高校固定资产的共性，建立统一标准的共性指标是必不可少的。同时，不同高校和院系的固定资产的特性又十分复杂多样，应充分考虑这个特点，设计才能够反映某一类高校或院系及某一类专项资产绩效状况的特性指标。

四、高校固定资产管理绩效评价体系的构建

构建科学、合理的绩效评价指标体系，不但要遵循绩效评价的一般原则，借鉴国内外先进的研究成果，而且还要结合本地区高校的特征和管理模式，构建起符合办学实际、作用明显的指标体系。

按照以上绩效评价的内容和原则，笔者认为固定资产绩效评价体系可以按照以定量指标为主、定性指标为辅的方式进行构建，共设计了 6 个一级指标和 8 个二级指标。

（一）定量指标（70分）

1. 资产结构（30分）

高校固定资产按照用途可以分为教学用、行政用两大类。一般来讲，房屋建筑的价值比重很大，行政用资产量比率偏高，但是高校作为教学、科研的重要场所，教学资产、科研资产应是逐年增加的，这样才能保障高校教学、科研活动的正常进行。

1）固定资产占全部资产的比率（10分）

固定资产占全部资产的比率 = 固定资产总额 / 资产总额

2）教学用资产占固定资产的比率（10分）

教学用资产占固定资产的比率 = 教学资产总额 / 固定资产总额

3）行政用资产占固定资产的比率（10分）

行政用资产占固定资产的比率 = 行政资产总额 / 固定资产总额

2. 资产运行（30分）

固定资产年增长率是保持高校持续发展能力、反映高校发展后劲以及在发展过程中的资产保障程度的重要指标。资金规模较大的高校，如果资产的年增长率高，就说明教学、科研的硬件条件有较好的改善，但不能一味追求固定资产的增长率，而应该保证固定资产投入和其他日常经费支出的良性配比，如果因为当年的固定资产的高投入而挤占了高校正常的日常经费支出，将对高校的正常运行造成相应的不良影响。

生均教学仪器设备值反映的是高校每个学生占有资源的状况，它不仅是固定资产运行绩效的主要指标，而且也关系高校的教学评估质量。

教师人均科研设备值反映的是高校每位教师占有资源的状况，它是固定资产运行绩效的重要指标，也是高校教师科研条件的重要体现。

1）固定资产年增长率（10分）

固定资产年增长率 =（本年固定资产总额 – 上年固定资产总额）/ 上年固定资产总额

2）生均教学仪器设备值（10分）

生均教学仪器设备值 = 教学仪器设备值 / 年平均学生人数

计分标准设为：7000 ～ 8000 得 10 分，6000 ～ 7000 得 8 分，5000 ～ 6000 得 6 分，4000 ～ 5000 得 4 分，3000 ～ 4000 得 2 分，小于 3000 得 0 分。

3）教师人均科研设备值（10分）

教师人均科研设备值 = 科研设备值 / 年平均教师人数

3. 资产使用（10分）

高校固定资产使用率是反映高校固定资产使用效果的重要指标，该指标能反映高校是否较好地完成了高校的基本任务。如果高校的固定资产使用率高，说明其固定资产在高校人才培养和科学研究中发挥了较好的基础作用；反之，则说明固定资产在高校发展中发挥的作用不大，人才培养和科学研究的目标实现欠佳。此外，高校普遍存在闲置或待报废设备挂在固定资产账面上的情况，这就造成了固定资产总值虚高的情况时有发生；还有一些高校在未充分利用现有固定资产的情况下，花费大量经费购置新的仪器设备来补充教学科研使用，这些现象都是对国有资产的极大浪费，且这些现象不利于财务管理。

为了维持高校的正常教学科研活动，进行适当的资产更新换代是必要的，资产的更新换代应本着节约、有效的原则，既要保证高校任务的顺利完成，又要节约使用高校的办学经费。资产更新率既能有效反映高校现有固定资产的更新频率，也能反映固定资产在一定时期内更新的规模和速度，对其指导高校下一阶段固定资产的投入具有重大意义。

1）仪器设备使用率（5分）

仪器设备使用率＝在用的仪器设备数／仪器设备总数

2）设备更新率（5分）

设备更新率＝近三年新增的固定资产总值／初期固定资产总值

（二）定性指标（30分）

1. 资产管理（10分）

高校固定资产在高校发展的每一个阶段都发挥着重要作用，是高校最基本的物质保证，是一切工作得以顺利开展的前提条件。因此，高校管理应当以固定资产管理为基石，不断提高固定资产管理水平，进而推动高校整体管理水平的提升，确保固定资产的安全与完整，提高资产利用率和使用效益。为了加强固定资产管理，可以从管理观念（2.5分）、管理制度（2.5分）、管理手段（2.5分）、管理队伍（2.5分）等方面进行考核。

管理观念主要是指校级领导对国有资产管理工作的重视程度，重视得2.5分，一般重视得1.5分，不重视得0分。管理制度主要是指高校是否已建立健全科学的固定资产管理制度，是否在管理工作中运用约束和激励机制，且机制是否已发挥显著的作用。制度完善得2.5分，一般得1.5分，形同虚设得0分。管理手段主要是指是否运用专用管理软件进行固定资产系统管理，以提高管理水平，其中已使用得2.5分，未使用得0分。管理队伍主要是指固定资产管理队伍专业知识结构、年龄梯次是否合理，管理是否科学有效，先进得2.5分，合理得1.5分，不合理得0分。

2. 资产共享（10分）

固定资产的共享程度反映了高校之间或部门之间共用固定资产的情况，该指标的考核能最大限度地促进高校之间的资源共享，避免重复配置造成的浪费，有利于改变资产使用的"大而全""小而全"的局面。为了加强固定资产的共享程度，可以从高校间固定资产共享程度（5分）和院系间固定资产共享程度（5分）来考核。

高校间固定资产共享程度主要是指不同高校之间固定资产的共享情况，共享频率高得3分，一般得1分，从未共享过得0分。院系间固定资产共享程度主要是指不同院系之间固定资产的共享情况，共享频率高得3分，一般得1分，从未共享过得0分。

3. 资产影响（10分）

高校的主要任务不仅是培养德才兼备的合格人才，而且也是通过科学研究，不断创新生产技术，从而形成产学研相结合，以服务于社会，推动社会经济发展，营造良好的社会氛围。为了提高高校固定资产的影响水平，可以从主体满意度（5分）和同行认可度（5分）两个方面进行考核。

主体满意度主要是指学校领导、全校师生对固定资产配置的满意度，非常满意得5分，满意得3分，一般满意得1分，不满意得0分。同行认可度主要是指本校的固定资产管理工作及成就在其他高校的认可度，非常认可得5分，认可得3分，一般认可得1分，不认可得0分。

高校固定资产是国有资产的重要组成部分，是高校持续建设和发展的前提条件和重要的物质基础。固定资产的高效科学使用是高校培养人才，顺利进行教学、科研、生产、行政办公、生活后勤等工作的推动剂和强心针，是衡量学校办学实力的重要标志。科学的绩效评价可以有效指导高校合理运用政府拨款，推动高校改进内部管理，进而规范高校固定资产的科学使用，促进高校固定资产投入效益的不断提高。

第五节　高校国有资产管理绩效评价指标体系

随着科教兴国战略的实施及教育体制改革的深入，高校国有资产数量迅速增加，规模不断扩大。与此同时，国有资产管理工作遇到前所未有的挑战，出现了国有资产产权主体不明、资产流失严重、使用效率低下、激励约束机制缺乏等问题。这些问题的根源在于高校国有资产管理缺乏健全的、具体的、可操作性强的绩效评价体系。1999年《国有资本金绩效评价规则》和《国有资本金绩效评价操作细则》的出台，表明了企业经营性国有资产绩效评价体系的建立。长期以来，由于管理观念落后、体制不健全，加上高校资源从投入到产出效益衡量难度大等原因，高校国有资产出现重购置、轻管理，重投入、轻考核的现象。2012年11月，教育部印发了《教育部直属高等学校国有资产管理暂行办法》（以下简称《暂行办法》），明确指出要在利用国有资产年度决算报告、资产专项报告、财务会计报告、资产统计信息、资产管理信息化数据库等资料的基础上，科学考核和评价高校国有资产的管理效益，并要求高校逐步建立和完善国有资产管理绩效考核制度与考核体系。在此背景下，本节在分析高校国有资产管理绩效评价的主体、内容、原则的基础上，从资产质量、资产效益、资产效果、体制和机制建设、财务管理、预算管理等方面构建高校资产管理经济效益和社会效益的综合评价体系，以此为高校建立和完善国有资产管理绩效考核制度和考核体系提供参考，加强国有资产的科学管理，从而推动高校教育事业的健康发展。

一、高校国有资产管理绩效评价主体和内容

高校国有资产管理绩效评价主体既包括政府部门、企业、债权人等在内的外部评价主体，也包括高校资产管理部门、营运部门等内部评价主体，不同的评价主体所关注和考核的内容不同。

政府部门作为高校资源的最大投资者，同时是高校国有资产管理绩效的主要评价者。长期以来，高校国有资产利用效率低，这无疑是对国家资源的隐形浪费。面对高校招生规模的扩大，政府部门在适当加大教育投资的同时，会更加注重高校的投资效益，这就需要对高校国有资产的管理进行绩效评价，评价教育资源的使用效率、效益和效果。企业作为教育资源最直接和最大的受益者，是高校未来发展的主要潜在投资者，随着我国"产学研"合作项目的开展，企业会加大对高校的投资，加强与高校的合作，高校无形资产，尤其是技术创新与企业利益紧密相关。以银行等金融机构为代表的高校债权人也是高校国有资产管理绩效评价的主体之一，当政府教育投资与高校扩张步伐相脱节时，为了满足规模扩大的需要，高校不得不向外界举债，高校国有资产管理绩效，尤其是财务绩效成为债权人关注的重点。此外，社会媒体、机构、公民等也会通过正式或非正式的方式成为高校国有资产管理的社会评价主体。

内部评价者主要是指高校国有资产管理部门和营运部门对本校或本部门国有资产管理绩效的评价。国有资产专门管理机构或主管部门，如国有资产管理处负责对全校存量国有资产和新增国有资产的管理进行评价，宏观掌握本校资产配置、使用、处置情况；各资产使用部门和院系负责本部门、本院系国有资产效率、效益的评价，并向上级管理部门汇报。

二、高校国有资产管理绩效评价体系构建原则

高校国有资产管理绩效评价是以具体的定性和定量指标来综合评价国有资产在投入使用后的效率、效益和效果，为了使构建的指标体系能真实反映和代表高校国有资产的绩效水平，高校在构建绩效评价体系时应遵循以下原则。

（1）科学性原则。指标体系的选择应建立在科学的理论基础之上，减少评价人员

的主观性，应广泛征求专家意见，选取概念明确、能科学计量的指标，真实、客观地反映高校国有资产管理绩效。

（2）系统性原则。指标数量与结构必须能全面、系统地反映出评价目标，既要避免指标过少而忽略了绩效评价的重要方面，又要杜绝指标过于复杂使评价难以实施。除数量上的优化之外，指标结构必须合理，系统性原则要求绩效评价指标的确定应实现整体上的最优组合。

（3）定性与定量相结合原则。能反映高校国有资产管理经济效益和社会效益的综合评价指标，既要求有能反映资产效率、财务管理等的定量指标，也要求有能反映体制机制建设、预算管理等的定性指标，以弥补单纯定量分析的不足和缺陷。在评价中，高校必须将定性指标标准化、规范化，将其转化成具体的、可测量的指标。

（4）社会效益和经济效益相结合原则。高校国有资产既有经营性的，也有非经营性的。经营性国有资产要求高校在管理和使用时，以保值增值为目标，追求资产的经济效益。但高校作为培养和教育人才的场所，具有社会服务职能，高校资产经投入使用后生产的产品不同于企业，产品的社会属性决定了高校国有资产管理绩效离不开社会效益的衡量。

（5）可操作性原则。这一原则要求绩效指标必须具备明确含义，对于高校来说，评价体系的构建应具有可操作性。一方面，指标可衡量；另一方面，评价可操作。

三、高校国有资产管理绩效评价指标选取与确定

高校国有资产管理综合绩效评价体系不仅包括评价资产管理的效率、效益、效果，评价国有资产管理体制、机制的建设及管理水平的高低，还应评价与资产管理紧密相关的财务绩效与预算绩效。为了综合反映高校国有资产管理状况，本节从资产管理的效率、效益、效果、资产管理体制、机制建设、财务管理、预算管理等方面，全面构建高校国有资产管理绩效评价指标体系。主要由一级目标层、二级准则层和三级指标层共同构成这一综合绩效评价体系。

（一）资产效率

为了评价高校国有资产的使用效益，综合反映资源潜力的发挥程度，高校应从资产规模、资产结构、资产保全及资产使用情况等准则层来构建二级指标。资产规模通过总资产规模和净资产规模来衡量；用或有债务率、不良资产率、无形资产率来评价国有资产结构水平；通过房屋建筑物保全率、仪器和设备完好率、图书和文物完好率等反映高校资产的保全情况；用固定资产年增长率、仪器和设备利用率、资产创收率衡量国有资产利用效率。通过对现有资产质量和使用效率的评价综合衡量高校国有资产的效率水平。

（二）资产效益

国有资产经过投入使用后，会产生效益。有效率地使用资产能产生正效益，反之则效益低下甚至为负。高校不同于企业，生产的产品具有社会性，追求社会效益是资产投入使用的主要目标。高校应从教学科研成就和人才培养两个方面综合考核资产带来的效益。在具体指标层面，用教师人均科研经费、科研收入年增长率、专利及技术转让等反映教学科研成就，以学生人均培养成本、毕业生就业率衡量人才培养的投入产出情况。

（三）资产效果

高校的社会属性决定了高校国有资产管理不仅追求内部的效益，还应考虑对外界产生的效果，即对外界的影响力及与外界的交流程度。对外界影响力包括社会满意度、同行认同度、外界吸引力、学术声誉等。此外，高校对外开放程度高，与外界学术交流越频繁，就说明资产投入产生的效果越大。反映高校对外影响力和与外界交流度的指标均为定性指标，难以通过相应的比率直接、间接衡量。因此，高校在评价时，要避免主观臆断，应采用德尔菲法，通过专家打分形式确定社会和同行对本校国有资产管理的满意度和认可度，确定本校对外部人才的吸引度及利用资产与外界进行学术的交流度。

（四）管理体制、机制建设

健全、良好的管理体制和机制是高校国有资产良性发展的前提和保证，管理体制和机制建设情况在一定程度上反映了高校国有资产管理的规范性和水平。国有资产管理是否具备一支组织结构合理、管理者发挥领导作用、管理观念先进的管理队伍，是否具备一套包括激励机制、约束机制、运行机制、配置机制在内的健全的管理机制，是否建立管理制度、具备规范化和信息化的管理水平，关系资产管理能否取得较高的绩效水平。绩效评价专家小组应深入高校，通过实地考察、等级评分，对高校国有资产管理相关的体制、机制进行专业评价。

（五）财务管理

教育部印发的《教育部直属高等学校国有资产管理暂行办法》要求高校资产管理与财务管理相结合。一方面，资产管理绩效可通过财务管理来反映；另一方面，财务管理水平影响着资产的管理绩效。高校选取资产偿债能力、后勤资产盈利能力、校办产业效益三大准则层财务绩效指标，能侧面反映资产管理水平。资产偿债能力通过资产负债率、速动比率、现金流动负债率来量化；后勤资产盈利能力用后勤资产服务比率、后勤资产收入成本比率来考量；校办产业效益由校办产业收益率（校办产业投资收益与校办产业平均投资额之比）、校办产业资本利润率（校办产业年末净利润与校办产业平均资本额之比）、校办产业资本保值增值率（校办产业年末所有者权益与校办产业年初所有者权益之比）三大指标综合反映。

（六）预算管理

《教育部直属高等学校国有资产管理暂行办法》除要求高校将资产管理与财务管理相结合之外，还要求高校实现资产管理与预算管理的结合。预算管理作为降低资产运行费用、提高资产使用效益的重要手段，对高校国有资产的管理和节约型社会的建设显得尤为重要。对于预算资金的来源使用情况，高校应组织专家进行打分，评价预算的编制、审批、执行和调整；通过收入预算完成率、支出预算完成率反映收支预算完成情况，从而通过预算绩效评价高校资产的运行成本和资金的使用效益。

对于已经选取和确定的国有资产管理绩效考核指标，采用适合高校绩效考核的层次分析法对指标进行赋权，运用判断矩阵将每一层级的各个指标的重要性进行两两对比，某一指标相对于另一指标越重要则权重越大，次重要则权重越小，通过一致性检验测量权重的可信赖度。在信赖度水平较高时，组织专家通过模糊综合评价法对各指标按照评语集（很好、好、一般、差、很差）进行打分赋值，然后利用重心法可求得每个指标的赋值重心，从而计算出综合评价值。为避免各专家意见不一致，可以对专家的考核结果求均值来得到绩效评价值。结合层次分析法中各指标的权重和模糊综合评价法中由专家给出的模糊评判矩阵，可以计算出高校国有资产管理最后的综合评价值。

总而言之，高校在建立和完善国有资产管理绩效考核制度和考核体系时，应结合本校实际情况，灵活采用和调整指标体系，将资产管理与财务管理、预算管理结合起来，坚持分类考核与综合考核、日常考核与年终考核相结合，通过构建多元化的指标体系，采用科学合理、客观公正、规范可行的方法和程序，真实地反映和评价本校国有资产管理绩效，在评价中总结经验、查漏补缺、完善制度，不断提高国有资产的安全性、完整性和有效性。

第六节　高校理工类学科建设项目财务绩效评价体系

随着我国"双一流学科"建设的实施，政府安排了一定的专项资金给予支持，高校学科建设项目的经费也逐渐增加。在这种情况下，如何处理好效益、效果和效率的关系是高校学科建设项目的核心问题。因此，建立科学的财务绩效指标体系和评价方法，对高校学科建设项目运用客观的评价标准进行对比分析，全面反映学科建设项目的整体情况，既符合学科建设的需要，也能实现高校财务管理机制创新。因此，有必要根据学科建设项目的发展趋势和特点，对绩效评价体系进行设计，并进行深入的探讨。

一、财务绩效评价的层次分析

根据学科建设项目财务绩效评价主体和客体的不同，我们一般将评价分为三个不同的层次：第一，站在政府管理的层次，评价的主体是政府职能部门，受评价对象是高校整体。第二，站在高校管理的层次，评价主体是高校，评价对象是理工类学院。第三，站在学院的层次，评价主体是理工类学院，评价对象是理工类学科建设项目。为了找出不同层次的优势和缺点，我们有必要对不同的层次进行比较，同时也可以通过绩效评价，分析项目的效率，找出目标差距。对于政府管理部门总结各高校发展的情况，探讨今后促进高校发展的实际措施。对于高校管理层，实行财务绩效评价可以了解自身运行的效果和效率，校内不同学科的发展状况，通过财务绩效评价可以更加突出高校的战略目标和发展规划，平衡不同学科的发展，促进自身的发展。本节以高校为评价主体，理工类学科建设项目为评价对象，从促进学校学科整体发展的角度考虑，找出本项目绩效的优势和缺点，为学校其他学科的建设提供参考与经验。

二、本项目的绩效评价指标

（一）指标体系设计原则

1. 全面性原则

本项目的评价内容包括经费资源、科学队伍、基地硬件三方面的投入指标和科学研究、人才培养、学术交流与合作、社会效益四方面的产出指标，对学科建设项目有个全面的评价。

2. 科学性原则

在建立财务评价体系时，必须保证评价指标的科学性，保证评价指标能通过科学的方法取得，能运用科学的计算来实施评价，确保评价指标的准确性。

3. 目的性原则

绩效评价必须要围绕本次评价的目的进行，按评价需要选取指标，按评价目的开展评价的综合分析，从而得出有针对性的结论。

4. 层次性原则

项目的指标设计要具有层次性和系统性。要将其分解成次级指标，由次级指标再分解成第二次级的指标，组成树状的指标体系，通过各指标有机结合，从而达到评估体系的整体功能最优。

5. 可比性原则

评价指标的选取必须要遵循可比性原则，尽量保留不同学科建设项目间相互比较的桥梁，不能选取不具有可比性的单一指标。

6. 可操作性原则

评价体系中指标的设置，在考虑指标含义清晰性的同时，还要考虑数据来源的可靠性。对于评价指标，项目实际数据必须简单易得，计算方法直观简便，这样才能保证评价工作的可操作性强。

7. 定性与定量相结合原则

定性与定量相结合原则，也就是模糊性和明确性相结合。学科项目建设具有其特殊的特点，不能够完全量化，要保持一些指标的模糊性，易于评估操作。

（二）建立绩效评价的指标体系

本节通过对若干高校学科建设评估体系和国内外文献资料的研究，结合高校理工类学科建设项目的建设任务和建设目标，根据评估体系设立的层次性、可比性和可操作性原则，提出三个层级的指标体系：一级指标包括投入资源和产出成果，各个一级指标下面又细分相应的二级指标，包括经费资源、学科队伍、基地硬件、科学研究、人才培养、学术交流与合作、社会效益，每个二级指标下面又相应地设置三级指标，共 30 个三级指标。

（三）评价指标的标准

明确评价标准是选定高校理工类学科建设项目的财务绩效评价指标后必须要解决的问题。评价标准是整个财务绩效评价体系的核心，关系评价结果的准确性和公平性。确定评价标准后，可以对不同的评价对象进行评价，就本项目而言，具体包括经费资源、科学队伍、基地硬件三个方面的投入情况和科学研究、人才培养、学术交流与合作、社会效益四个方面产出情况的绩效，揭示出本项目的效果、效益和效率水平。

就本节研究的高校理工类学科建设项目的绩效评价而言，主要针对学科建设项目的财务绩效评价，较易获得其他高校的指标水平，故选用行业标准。同时，考虑教育部门的考核需要，以项目实施前事先制定的目标、计划、预算、定额等预定数据作为评价标准，即同时选用计划标准和行业标准。

三、层次分析法确定指标权重

（一）构造层次分析图

高校理工类学科建设项目的财务绩效评价体系，是由具体细分的评价对象组成的，是对本项目建设内容和成效的分解与总结，使高校管理层对本项目的建设成效和效率有总体的评价。本项目财务绩效评价的目的和重点是：评价理工类学科建设的投入与产出的效率，运用建立的财务指标评价体系评价理工类学科建设项目的成效大小和效率高低。

根据高校理工类学科建设项目的财务绩效评价实际情况，对项目建设的评价需要从投入资源和产出成果出发，对经费资源、学科队伍、基地硬件三个方面的投入指标和科学研究、人才培养、学术交流与合作、社会效益四个方面的产出指标进行评价。我们可以构造分析层次如下：目标层是高校理工类学科建设项目财务绩效评价；准则层是投入资源和产出成果；中间层是经费资源、科学队伍、基地硬件、科学研究、人才培养、学术交流与合作和社会效益；标准层是30个三级指标。

（二）计算指标权重

构造判断矩阵是层次分析法的出发点。层次分析法的信息基础主要是人们对每一层次各个元素之间的相互重要性的判断。为了使各个元素之间进行两两比较得到量化的判断矩阵，参照有关心理学的研究成果，我们引入了下列的标度指标。建立层次结构以后，全部指标经过两两判定，形成一个判断矩阵。将本节设立的层次结构中各指标进行两两比较，在广泛征求专家和个人的意见后，得出判断矩阵。对判断矩阵进行归一化处理，得出各指标的权重系数。

各指标在绩效评价总目标中的权数 = 指标层各因素相对于方案层中所对应的因素的权重 × 方案层中该因素相对于准则层的权重 × 目标层权重

第七节 高校科研项目专项资金管理与绩效评价体系

随着国家财政不断加大教育的投入，高校科研项目的专项资金也越来越多，各高校对在科研项目的经费投入也更加重视，财务预算中科研资金的投入比例也逐渐提高，但科研专项资金缺乏有效的管理，尤其是缺乏完善的绩效评价指标体系。本节针对我国高校科研经费存在的问题和绩效评价指标体系构建原则，提出了高校构建科研经费绩效评价体系的途径，仅供参考。

一、高校科研专项资金及其特点

高校科研专项资金指的是政府部门拨付、社会公益机构捐赠、企业合作、校内经费等用于具体的科研项目或其他用途的专用的非偿还性的资金。高校科研专项资金的用处主要是为科研潜质较强的青年教师开展科研工作提供支持，专项资金的适用范围既包括材料、试验、出版、劳务等科研工作费用，也包括如差旅、会议等间接科研工作费用。

高校科研专项资金的费用特点为：第一，多种来源途径。专项资金的来源主要包括自筹资金、政府和上级拨款、社会各种捐赠等，因此也决定了其管理方面比较复杂。

第二，适用范围较广，但需专款专用。根据其性质专项资金主要包括基本建设、事业发展、其他项目等专项资金。专项资金的使用必须保证专款专用，不能混用作其他，而导致专项资金的使用效益和目标受到影响。第三，投入较多，会占用较长时间。许多科研项目都至少经历一个会计年度甚至更多，资金投入额较大。所以一个会计年度能完成的科研项目，专项资金应及时结转和回收，需要跨年度的，也应该在年末结转结余到下一年度。

二、我国高校科研专项资金存在的问题

（一）科研专项资金缺乏严格的管理

我国大部分高校在科研专项资金的使用方面缺乏相关政策，从拨付科研项目经费到具体的实施，都缺乏相应的参考政策，导致科研成本绩效管理缺乏其政治性和实效性。同时科技部门应该对项目早期配置、消耗和利用等情况详细了解，并且要充分重视科研经费的成本考核，并制定相应的考核制度。但在具体使用过程中，审计部却没有综合项目实际进展对资金的使用情况进行了解。在预算管理方面缺乏健全和完善的预算编制和综合评价体系，科研人员不能做到根据预算指标有效分工，而且也不重视项目的实际工作，不能按计划提前使用项目资金，因此在结束项目前会存在资金被留用或催收的问题。

（二）应该合理权衡科研项目

在研究型大学发展过程中，高校越来越重视科研能力的提升，在高校校园，不仅学生要对科研经费绩效管理评价体系引起重视，科研项目还包括在教师的职称评定和晋升中，在教师的职称评定和晋升的过程中，科研项目占据着重要的组成部分，所以高校也应该对科研项目提高重视度，而且教师职称的高低也与其参与的科研项目多少有直接关系，参与的科研项目多，工作机会也更多。因此，高校、教师和科研部门应该更加关注科研项目。

（三）存在严重的虚假报销现象

当前国家之所以对各高校投入较大的关注力度，和国家开始重视科研项目有直接关系。高校科研成果量的贡献与其科研项目呈正比关系。但也正是因为太多科研项目，而导致专项资金出现挪用、浪费等现象。分析其原因主要是许多高校为了保证教师在科研项目工作中能全身心投入，通常交由教师负责科研资金的处理，只需在每个时间点提交项目资金流向报表。

三、高校专项资金构建绩效评价指标体系的原则

（一）整体性

高校专项资金绩效评价指标体系应保证其具有整体性和全面性，充分考虑学校的办学理念和专业设置特点，保障评价指标更加全面，且高校教育和科研等相关评价内容不会造成遗漏。

（二）重要性和相关性相结合

高校专项资金评价指标和评价目标有直接关系，高校应根据实际教学情况建立专项资金绩效评价指标。另外，转型资金的绩效评价指标也比较重要，要根据项目的作用和地位对其重要性进行合理的分析，在其中列入一些具有代表性的重要指标。

（三）定量和定性指标结合

在高校专项资金的绩效评价过程中，许多因素都会对其造成影响和制约，不是所有的项目都能进行量化，对资金的管理和使用方面也存在较大的影响，所以在确立评价指标时，应该根据实际情况，对定性和定量指标进行合理的确定，只有充分结合两者，评价指标才会更加完整。

（四）投入和产出指标相结合

在高校科研专项资金的使用过程中影响因素较多，如日常管理模式、投入条件等，但是资金产出的数量和质量是其效果的充分体现，因此，在建立评价指标的过程中投入、过程和产出指标缺一不可。

（五）科学性和可操作性

高校专项资金评价指标体系的建立应该保证其具有科学性和合理性、可行性较强，即确立相关指标时一定要根据实际情况，不能形式化，要综合考虑我国高校科研资金的实际运行情况，保证评价工作和专项资金管理体系可正常工作和实施。

四、高校科研经费绩效评价体系的构建

（一）选择评价方案

根据当前发展情况可知，在高校科研项目方面国家给予了较大的支持，绩效评价方法分为综合评价法、主成分分析法、层次分析法和聚类分析法，在高校科研经费的绩效管理评价过程中应该科学地选择适宜的方法，指标评价体系应采用综合评价方法建立。

（二）科研预算绩效管理

在专项资金使用的全过程中始终贯穿着科研经费预算，批准预算是建立科研项目

的基础条件，还没有具体的科研项目的实施规定的相应范围，对资金的合理使用情况实现了有效监控，保证了科研经费预算的科学性。

（三）科研经费内部管理控制

科研经费的分配首先是由预算控制的，另外还需对其进行有效的监督和管理。通过内部控制机制的建立，以及经济责任制的进一步落实，可对滥用和挪用资金的情况起到有效的监督作用。同时为保证能更加合理地使用科研经费，需要做好经费项目、制度、管理等方面的基础工作，促使科研绩效管理的需求得到满足。

总而言之，利用绩效管理理论对高校科研专项资金进行评价与考核，可保证科研专项资金的使用更加规范，也是高校科研工作水平进一步提升的重要保障，因此为科研专项资金设置全面科学的绩效考评指标体系，是提高专项资金经济性和效率性的重要条件，通过绩效考评管理约束和激励作用的充分发挥，对高校科研工作的进步起到较大的推动作用。

第八节　基于平衡计分卡的高校财务部门绩效评价体系

近年来，在国家全面深化财政综合体制改革的背景下，我国高校教育经费资金投入量急剧增长，高校办学规模呈现"超常规、跨越式"的发展格局，高校财务部门绩效评价的重要性日渐凸显。目前，对高校财务部门绩效评价的理论研究和实践探索尚处于起步阶段，缺乏指导实施的范畴边界和框架基础，亟须从理论上探究其基本范畴，在实践中建构其框架体系，以过程和结果为双重导向反映高校所支配的公共财物资源的使用效率、使用效果和管理效果，实现高校财务资源的优化配置，对高校财务供给侧结构性改革具有指导意义。

一、高校财务部门引入平衡计分卡的可行性和必要性

1990 年，哈佛商学院 Robert Kaplan 和美国复兴全球战略集团创始人 David Norton 首次提出平衡计分卡的概念。它超越了传统的以财务量度为主的绩效评价模式，是一种全新的组织绩效的管理方法。

平衡计分卡可实现战略管理和绩效评价的双重目标，它的精彩之处在于将组织的愿景、使命和发展战略与组织的业绩评价有机地结合在一起，将组织的战略转变为具体、可执行的目标和评价指标。单一的财务度量对组织的绩效评价和考核是不完整的。平衡计分卡从财务、顾客、内部流程以及学习与成长四个方面入手，在传统财务指标的基础上进行修订和完善。传统的财务指标属于滞后性指标，对于引导组织实现未来

发展战略和愿景是有缺陷的。平衡计分卡引入具有前瞻性的非财务指标，改进了原有不完整、以偏概全的绩效评价模式。平衡计分卡正是基于这种战略、多层面评价的平衡理念，被誉为"兼具科学与艺术特质"的管理工具。

Kaplan 和 Norton 指出，虽然平衡计分卡最初的焦点是改善营利企业的管理，但是平衡计分卡在改善非营利组织的管理上效果会更好。西方国家运用平衡计分卡对非营利组织绩效评估实践较早的是美国的五月研究所和杜克儿童医院。研究发现，高校比其他非营利组织更强调战略的重要性，高校是人类知识吸收、继承、传播与创造的专门场所，学习与成长层面的指标尤其重要。平衡计分卡为绩效管理带来了新机遇，弥补了传统绩效评价指标体系的不足，在不同维度上对组织绩效进行评价，使组织的绩效管理更为全面、有效。这些研究为平衡计分卡引入我国非营利组织奠定了理论基础。由于平衡计分卡本身良好的系统性和层次性，能对指标进行量化处理和评判，可以构建基于平衡计分卡的非营利组织绩效的综合评价模型，通过构建目标层、准则层和指标层的递阶层次结构的评价指标体系，运用多元回归分析模型确定平衡计分卡评价指标的权重，并分析评价指标与组织绩效间的函数关系，从而获得了非营利组织的绩效评估结果。这对非营利组织进行评价提供了科学、客观、可靠的评价方法，有着一定的应用前景。

我国非营利组织绩效评价观念相对落后，学者对非营利组织的研究多为宏观角度，微观角度较少，缺乏创新和应用典范。同时，评价机制有所缺失。在借鉴国外的研究成果和实践经验时，应根据我国非营利组织实际情况，因地制宜地对操作流程和指标体系进行完善。

设计平衡计分卡的初衷是修正营利机构的绩效评价体系。然而，在实践中发现，此工具应用于非营利机构更显成效。非营利机构在战略目标和管理模式方面有别于营利机构。营利机构的战略目标侧重于股东财富最大化的实现，难免存在重财务指标的完成、轻整体价值的提升，重短期利润的实现、轻持续稳定发展等问题。非营利机构以社会长远利益为目标，运用平衡计分卡作为绩效评价工具更显优势。

高校财务部门的绩效评价与非营利组织有相似之处，又有不同之处。非营利组织进行绩效评价时往往没有财务底线，然而高校财务部门既是财务资源的监管部门，又是高校的后勤服务部门，它虽不受"利润动机"的驱使，但又必须具有良好的资金管理和运用能力，依靠"使命绩效"的凝聚力日常运行。因此，高校财务部门的绩效评价对象不仅是财务指标的完成，还包括难以明确界限的服务水平和财务队伍的建设等。高校财务部门的战略目标应为"绩效最优"，并将其贯彻于整个财务管理过程中。因此，适度弱化财务指标，提升服务质量，优化内部流程和加强财务队伍的建设，并厘清各因素之间的关系，是高校财务管理者亟须解决的问题。

二、构建高校财务部门绩效评价指标体系

（一）构建绩效评价指标体系的实施步骤

建立科学适用的指标体系是高校财务部门进行绩效评价的前提和基础。以平衡计分卡为工具，在实际可操作的前提下，分以下四个步骤进行高校财务部门绩效评价指标体系的构建。

（1）搜集基础信息。绩效评价指标源自高校财务部门的基础信息。绩效评价的基础信息不仅包括财务资金流的收、支、余的信息，高校年度预算执行情况、资产管理、负债管理和成本费用等财务信息，还包括难以量化的服务意识、业务流程和团队建设等非财务信息。财务信息可通过对财务系统中数据的提取、整理、分析获取，非财务信息需运用调查问卷法、专家意见法和穿行测试等获得。

（2）将高校财务部门的战略目标分解为各项驱动因素。以高校财务部门的战略目标为导向，运用平衡计分卡将其战略目标分解为财务、顾客、内部流程、学习与成长四个维度的一系列驱动因素，并找出关键驱动因素。

（3）将各项驱动因素转化为评价指标体系。在看似杂乱无章的指标之间寻找对应的逻辑关系，搭建绩效评估分析框架，构建完整的绩效评价指标体系。借助价值树模型，把战略管理体系中独立的关键驱动指标通过树型罗列出来。

（4）绘制高校财务部门的战略地图。根据各驱动指标的因果关系链接和价值树模型，绘制高校财务部门的战略地图。绘制完成后的战略路线图应能清楚地反映四个层面的评价指标与战略目标之间的因果关系，并能清晰地反映高校财务部门实现战略目标的路径。

（二）平衡计分卡绩效评价体系的构建

（1）财务维度。高校虽是非营利机构，但任何一所高校都会追求资金使用的高效率和日常运行的低成本，实现经济效益和社会效益的和谐统一。高校财务部门的主要职责是编制学校财务收支预算和部门预算，有效控制预算的执行；组织编制学校年终财务决算；不断优化管理流程；健全规章制度和内部会计管理制度；上级主管部门要求高校财务部门科学、合理地分配财务资源并按规定使用，做好资金的筹集和调度，保质保量地完成各项财务工作任务。

笔者将财务维度的指标分为预算管理、收入管理、支出管理、负债管理和成本费用管理五个方面。预算管理指标包括预算执行进度、预算调整率、收入/支出预算执行率等二级指标；收入管理指标包括人员收入增长率、人均科研经费增长率、财政补助收入增长率、行政事业性收费收入增长率等二级指标；支出管理指标包括人员支出比率、公用支出比率、基本建设类支出比率等二级指标；负债管理指标包括资产负债率、

流动比率等二级指标；成本费用管理指标包括生均成本等二级指标。

（2）顾客维度。顾客角度是解决财务部门如何在遵守国家财经法规、学校规章制度和部门规范的前提下，为服务对象提供优质、责任明确的服务，使其满意的问题。财务部门作为高校的职能部门和服务窗口，要在遵守规章制度的刚性要求与实际业务灵活弹性处理之间适当取舍，做好职能管理与财务服务之间的博弈。

财务服务是高校财务部门的主要职能之一。其服务对象包括各系(院)、职能部门、全体师生。各系(院)和职能部门是高校财务常规运行要服务的主要对象。对他们的服务主要是合理进行预算管理、科学下达预算、对预算执行进行跟踪分析，及时为各系(院)和职能部门提供有用的财务数据。同时，面向全体师生的服务主要是财务报销和收费业务，财务人员的服务质量和服务效率直接影响服务对象的满意度。此外，还应积极宣传最新财务政策，避免因政策传达不及时造成的误解。

笔者将顾客维度的指标分为服务质量、服务效率和政策解读。其中，服务质量指标包括服务态度、财务人员业务能力、是否熟知财务知识等二级指标；服务效率指标包括等候时间、工作效率等二级指标；政策解读指标包括口径是否一致、传达是否及时等。

（3）内部流程维度。内部流程是财务部门在长期的财务管理工作实践中形成的工作流程和操作规范，是强化内部管理、提升部门整体绩效的一系列决策、过程和行动。例如，充分利用网络平台推行网上预约报销模式，将财务人员从复杂繁重的审核、记账业务中解放出来，将工作重心转移到对财务数据的整理和分析上。

笔者认为，财务部门内部流程维度的内容应涵盖财务业务的制度建设、财务操作流程和内部控制制度。我国高校财务制度体制改革不断深化，结合自身实际，与时俱进，修订高校财务制度，并以此为执业准绳，强化财务制度的刚性约束；通过对内部流程进行梳理、分析和优化，找出目前存在的缺陷，建立一套适合自身运行的、高效简洁和控制有效的财务业务流程；加快内部控制建设，强化内部流程控制，提高执行力，防范高校财务风险。《关于全面推进行政事业单位内部控制建设的指导意见》（财会〔2015〕24号）指出，2016年年底前，高校必须完成内部控制的建立和实施工作。

笔者将内部流程维度的指标分为制度建设、业务流程和内部控制。制度建设指标包括规章制度合法性、合理性、完善性等；业务流程指标包括财务报销流程、收费管理流程；内部控制指标包括内控环境建设、财务风险评估、控制活动、内/外部监督等。

（4）学习与成长维度。创新和学习能力是现代社会优秀人才所应具备的基本能力之一。对于高校财务部门工作人员来讲，应及时更新财务业务知识、优化专业结构、提高自身综合素质，做到精准执业。同时，通过学习实践，发现问题，解决问题，并不断创新财务管理模式，不断适应财务工作质和量的巨大变化，不断提高高校财务工作的质量和水平。

最新修订的高校会计制度细化了高校事业支出的分类与核算，需要财务人员从新增的会计基础、科目及报告内容开始，循序渐进地进行学习，比较新旧制度的差异，从而更好地深入把握新制度的要求与方法。财务人员面临人才需求的结构性改革，未来需要既懂财务又懂战略、控制和管理的复合型人才。

笔者将学习与成长维度的指标分为教育能力、科研水平和引进人才。教育能力指标包括培训次数、进修比率等；科研水平包括人均发表论文数等；引进人才指标包括引进高层次人才增长率等。

一方面，平衡计分卡的战略导向有助于高校财务部门有效提升战略的执行力。一直以来，高校财务部门被公众认为是可以持续不断地获得资源供给的低风险职能部门，其主要职责是按照上级部门要求编制学校财务收支预算和部门预算，合法合规进行财务报销和收费、编制年终决算。一切按部就班地成了固定的运行模式，高校财务部门缺乏战略管理意识，从而不能将各种相关要素很好地结合起来。平衡计分卡体系的设计有助于促进高校财务部门实现战略转型，由原来低附加值的报账部门逐渐转型为决策型、价值增值型部门。

平衡计分卡绩效评价体系通过财务、顾客、内部流程、学习与成长四个维度之间的因果关系展现组织的战略轨迹，组成一系列因果链条贯穿起来的有机整体。通过评价指标与战略目标相连接，在寻找原因的过程中，分析组织存在的问题，以采取相应的策略，实现组织的战略目标。

财务资源的高效、合理利用是高校财务管理工作的根基，是完善、优化内部流程和提高财务人员素养的保障。同时，财务人员在提供服务的过程中实现对资金使用效益的监督。服务和监督贯穿于整个财务业务流程。处理好两者的关系有助于减轻报账人员对财务部门的误解。内部流程起着穿针引线的作用 [8]。通过对内部流程的梳理，分析风险点，制定风险应对策略，弥补高校财务管理工作中的若干缺陷，这是改善财务指标、提升服务质量和水平的内在动力。学习与成长是驱动指标，是其他三个方面的基石，财务指标的改善、服务对象满意度的提高和内部流程的优化都以财务人员素养和技能的提高为支撑。四个维度互为因果，互相促进。

另一方面，平衡计分卡的实施需要运用大量的绩效评价指标，除财务层面的评价指标容易衡量之外，另外三个维度的定性评价指标较难量化。定性指标比较笼统，主观性强，而且没有具体的评价标准，评价结果容易受到评价人员主观意识的影响和经验的局限。这是对编制人员职业素养和技能的一大考验。管理者应尽可能细化评价指标，减少评价指标标准的笼统性和模糊性，体现绩效评价的公正性和客观性，并有效减少定性评价指标主观偏误的弊端。科学合理地对指标进行选取和设定是实施平衡计分卡进行绩效评价的关键，否则将导致其操作性与可行性大打折扣。

因果关系链是运用平衡计分卡的先决条件，平衡计分卡假设四个维度的指标处于同一时间节点上。时间维度是判断因果关系是否存在的重要标准，同一时间节点上的指标分析有悖于因果关系链中"引起与被引起"的前后承接关系。许多指标原因和结果的计量在同一时间节点上，难以推测某一具体指标的驱动结果。另外，具备因果关系的变量之间应是单向关系，而平衡计分卡各驱动指标之间的关系是双向关系，如内部流程的持续改善促进员工的学习与成长，员工技能素质的提升促进内部流程的改进，两者之间互为因果，形成因果关系循环，无法判断何为因，何为果。因此，对平衡计分卡各因素进行时间序列分析是未来的发展方向。

参考文献

[1] 杨周复，施建军. 大学财务综合评价研究 [M]. 北京：中国人民大学出版社，2002.

[2] 朱志刚. 财政支出绩效评价研究 [M]. 北京：中国财政经济出版社，2003.

[3] 王化成. 企业业绩评价 [M]. 北京：中国人民大学出版社，2004.

[4] 张少春. 政府公共支出绩效考评理论与实践 [M]. 北京：中国财政经济出版社，2005.

[5] 张和生，高天武. 高校财务绩效考核研究 [J]. 市场周刊，2006（12）：228-229.

[6] 张重. 高校财务绩效评价可行性研究 [J]. 湖北民族学院学报（哲学社会科学版），2007（1）：155-157.

[7] 王科. 浅议高校财务管理新理念 [J]. 甘肃省经济管理干部学院学报，2005（1）：39-41.

[8] 何斌. 高校财政专项经费管理探讨 [J]. 经济师，2012（6）：124-126.

[9] 吴勋，张晓岚. 高校预算绩效评价探讨 [J]. 财会通讯（理财版），2010（3）：45-67.

[10] 李月婷，李爱琴. 高校财政专项经费管理模式探究 [J]. 会计之友，2011（23）：93-95.

[11] 宋秀兰，何德峰，孟凡悦. 高校科研项目与绩效考评综合管理系统设计 [J]. 电子设计工程，2011（19）：16-18.

[12] 李现宗，毕治军，颜敏. 高校预算管理转型研究 [J]. 会计研究，2012（12）.

[13] 乔春华，宋海荣. 论高校预算控制在会计控制中的核心地位 [J]. 会计之友，2015（14）：81-84.

[14] 财政部，教育部. 高等学校财务制度 [Z]. 财教〔2012〕488 号.

[15] 王阿妮. 构建高校管理会计应用系统的探索 [J]. 商业会计，2015（5）：107-108.

[16] 邬敏燕. 基于"效果导向"的高校预算绩效管理初探 [J]. 教育财会研究，2013，24（4）：38-42.

[17] 史张宇. 高校财务绩效评价指标体系构建初探 [J]. 经济研究导刊，2017（9）：

91-92.

[18] 毛杰明. 高校财务绩效评价指标体系的构建 [J]. 中外企业家，2017（10）：253-254.